JN037033

学ぶ人は、
変えて
ゆく人だ。

目の前にある問題はもちろん、

人生の問いや、

社会の課題を自ら見つけ、

挑み続けるために、人は学ぶ。

「学び」で、

少しずつ世界は変えてゆける。

いつでも、どこでも、誰でも、

学ぶことができる世の中へ。

旺文社

7日間完成

文部科学省後援

英検®2級 予想問題ドリル

[6訂版]

はじめに

　もうすぐ試験本番─そんなときに一番大事な英検対策は，試験形式に慣れることです。
『7日間完成 英検 予想問題ドリル』シリーズは，7日間で試験本番に向けて，直前の総仕上げができる問題集です。目安として1日1セットずつ学習することで，最新の試験形式に慣れることができ，合格への実力が養成されるように構成されています。

　本書には以下のような特長があります。

本番に限りなく近い予想問題！
過去問分析を基にした本番に近い予想問題を収録しています。
また，各回の最初に，単熟語，文法，問題攻略法などをまとめたページもあるので，効率よく重要事項を押さえることができます。

学習スタイルに合わせて音声が聞ける！
リスニングアプリ「英語の友」を使ってスマホでの音声再生が可能です。また，PCからの音声ファイルダウンロードにも対応しています。

面接（スピーキングテスト）にも対応！
本書1冊で面接対策までカバーしています。

採点・見直しが簡単にできる！
各Dayの筆記試験・リスニングテストは採点・見直し学習アプリ「学びの友」対応。解答をオンラインマークシートに入力するだけで簡単に採点ができます。

　本書を活用し，合格に向かってラストスパートをかけてください！ 皆さんの英検2級合格を心より願っています。最後に，本書を刊行するにあたり，多大なご尽力をいただきました日本大学第二中学校・高等学校 大關晋先生に深く感謝の意を表します。

※本書の内容は，2024年2月時点の情報に基づいています。実際の試験とは異なる場合があります。受験の際は，英検ウェブサイトなどで最新情報をご確認ください。
※本書は，旧版である5訂版の収録問題を，2024年度以降の試験形式に合わせて問題追加・再編集したものです。
※このコンテンツは，公益財団法人 日本英語検定協会の承認や推奨，その他の検討を受けたものではありません。

Contents

執筆：大關晋（日本大学第二中学校・高等学校）

編集協力：株式会社シー・レップス，Richard Knobbs，内藤香，鹿島由紀子，株式会社鷗来堂，Jason A. Chau

デザイン：相馬敬徳（Rafters）

装丁イラスト：根津あやぼ　　**本文イラスト**：有限会社アート・ワーク

録音：ユニバ合同会社　　**ナレーション**：Greg Dale，Julia Yermakov，大武芙由美

本書の使い方

本書を以下のような流れに沿って使うことで，7日間で対策をすることができます。

❶試験について知る
本冊p.5「英検2級の試験形式と攻略法」をよく読んで内容を把握しましょう。

── Day 1～7に7日間取り組む ──

❷学習する
冒頭の まとめ で合格に必要な知識を把握しましょう。
●付属の赤セルを使って，単語や表現を暗記しましょう。

❸問題を解く
模試 に挑戦しましょう。
●制限時間内に解きましょう。
●付属のマークシートもしくは自動採点サービス（詳しくはp.4）で解答しましょう。

❹答え合わせをする
別冊の「解答と解説」で答え合わせをしましょう。
●どの技能も6割以上正解していれば，合格の可能性は高いでしょう。

音声について

本書の音声は，以下の2通りでご利用いただけます。

音声ファイルで再生

詳しくはp.4をご覧ください。収録箇所は 🔊001 などで示しています。

アプリ「英語の友」（iOS/Android）で再生

❶「英語の友」公式サイトより，アプリをインストール
（右の二次元コードから読み込めます）
https://eigonotomo.com/　　　英語の友　検索

❷ライブラリより本書を選び，「追加」ボタンをタップ

※本アプリの機能の一部は有料ですが，本書の音声は無料でお聞きいただけます。アプリの詳しいご利用方法は「英語の友」公式サイト，あるいはアプリ内のヘルプをご参照ください。
※本サービスは予告なく終了することがあります。

Web特典について

アクセス方法

❶以下のURLにアクセス（右の二次元コードから読み込めます）

https://eiken.obunsha.co.jp/yosoudrill/

❷「2級」を選択し，以下の利用コードを入力

pvnmzb ※すべて半角アルファベット小文字

特典内容

音声ファイルダウンロード

「音声データダウンロード」からファイルをダウンロードし，展開してからオーディオプレーヤーで再生してください。音声ファイルはzip形式にまとめられた形でダウンロードされます。展開後，デジタルオーディオプレーヤーなどで再生してください。

※音声の再生にはMP3を再生できる機器などが必要です。
※ご利用機器，音声再生ソフトなどに関する技術的なご質問は，ハードメーカーまたはソフトメーカーにお願いいたします。

スピーキングテスト対策

スピーキングテストの予想問題が体験できます。画面と音声の指示に従い，受験者になったつもりで音読したり，面接委員の質問に答えたりしましょう。問題はDay 7に収録されている面接問題で，Day 7の二次元コードを読み込むこともでアクセスできます。

自動採点サービスについて

本書収録の筆記試験・リスニングテストを，採点・見直し学習アプリ「学びの友」で簡単に自動採点することができます。（ライティングは自己採点です）

☐ 便利な自動採点機能で学習結果がすぐにわかる

☐ 学習履歴から間違えた問題を抽出して解き直しができる

☐ 学習記録カレンダーで自分のがんばりを可視化

❶「学びの友」公式サイトへアクセス（右の二次元コードから読み込めます）

https://manatomo.obunsha.co.jp/　　学びの友　検索

❷アプリを起動後，「旺文社まなびID」に会員登録（無料）

❸アプリ内のライブラリより本書を選び，「追加」ボタンをタップ

※iOS／Android端末，Webブラウザよりご利用いただけます。アプリの動作環境については「学びの友」公式サイトをご参照ください。なお，本アプリは無料でご利用いただけます。
※詳しいご利用方法は「学びの友」公式サイト，あるいはアプリ内ヘルプをご参照ください。
※本サービスは予告なく終了することがあります。

英検2級の試験形式と攻略法

筆記試験（85分）

1 短文の語句空所補充 | 目標時間10分 | 17問

短文または会話文中の（　）に適する語句を，4つの選択肢から1つ選ぶ問題です。主な出題パターンは，単語（名詞，動詞，形容詞，副詞），熟語（句動詞を含む）です。傾向としては，17問中10問が単語問題，7問が熟語問題です。

> *(1)*　The newspaper said that the newly developed rocket had been successfully
> 　（　　　）from Tanegashima Space Center the day before.
> **1** adapted　　　**2** ruined　　　**3** launched　　　**4** promoted

攻略法　文全体を読み，文脈から空所に入る語を推測するのが基本の解き方ですが，空所前後にどのような語が並んでいるかが重要なヒントになります。単語の意味だけでなく，語法もあわせて覚えるようにしましょう。

2 長文の語句空所補充 | 目標時間18分 | 6問

［A］［B］2つの長文の（　）に適する語句を，4つの選択肢から1つ選ぶ問題です。問題文の長さは［A］［B］どちらもおよそ260語〜270語程度で，科学・社会・文化・歴史などがトピックの説明文です。傾向としては，主語の後に続く述語部分を答えさせる問題や，文脈から適切な接続語句を選ぶ問題などが出題されます。

Electronic Noses

When we think of how machines get information about the world, we mostly think about vision. Robots and other machines often use cameras to interpret data. This usually works well. (　*18*　), there are more ways to sense what is going on in the world, including the sense of smell. Strange as it may seem, giving machines the sense of smell could also be useful. In fact, there are already "electronic noses" that are in use right now. These electronic noses detect the smallest amount of chemical substances floating in the air and match them up with smells humans can detect.

(18) **1** For this reason　　　**2** At least
　　　3 As usual　　　**4** Even so

(19) **1** call them for laundry　　　**2** pay for their work
　　　3 complain about the smell　　　**4** make the bed every day

(20) **1** based on new research　　　**2** used more in the past
　　　3 much more difficult to sense　　　**4** specially made for humans

攻略法　文脈を把握して，空所に入るべき語を推測する力が問われます。空所を含む文だけを読んで正解を特定することは難しいので，前後の文と論理的につながるように文脈から答えを判断しましょう。論理展開を表す接続詞・接続詞的な副詞・接続詞的に使われる熟語の知識を増やし，素早く論理展開を把握できるように練習しておきましょう。

3 長文の内容一致選択　　目標時間22分　｜　8問

［A］，［B］の２種類が出題され，［A］（３問）はおよそ240語程度のＥメール，［B］（5問）はおよそ350語〜370語程度の社会・文化・歴史・科学などのトピックが中心の説明文です。本文の冒頭から記述順に，英文の内容に関する質問に答えたり，内容に合うように文を完成させたりする問題が出題されます。

From: Jerald Linden <j_linden@peoplesestate.com>
To: Rachel Burr <r_burr@peoplesestate.com>
Date: 17 March
Subject: About Mr. Johnson

Rachel,
I wanted to give you the information I got today about Mr. Johnson. Mr. Johnson is a new customer, who is looking for a place to live in the Rainbow District. He has a wife and two children. Mr. Johnson is going to work in Tallis Town starting next week, so he wants somewhere near his office so that he can drive there in less than 30 minutes. He doesn't care whether it's an apartment or a house.

(24) What kind of housing is Mr. Johnson looking for?
  1 A place that is a reasonable commuting distance to Tallis Town.
  2 A large house with four rooms and preferably a basement.
  3 An apartment or a house just outside of Rainbow District.
  4 A residence that has a garage that accommodates two cars.

(25) Jerald asks Rachel to
  1 come to the place where he is going to have the meeting.
  2 show Mr. Johnson a couple of houses on Thursday.
  3 search for other suitable housing options for Mr. Johnson.

攻略法　［A］のＥメールは，ヘッダー部分（件名・差出人・受取人）にまず目を通しておくと，本文の内容を予測するのに役立ちます。[B] では，文章全体のテーマをつかみ，各段落の要旨，結論を把握することが大切です。語彙や文法のほかに，文と文のつながり（接続詞的表現・代名詞が指す内容など）に注意しながら読みましょう。正解の選択肢では，本文中の表現が異なる表現に言い換えられていることがあるため，言い換え表現にも注意しましょう。

4 英作文（要約問題）　　目標時間15分　｜　1問

与えられた150語前後の英文の要約を，45語〜55語の英文で書く問題です。基本的に，社会性のある話題の英文が出題されます。

● 以下の英文を読んで，その内容を英語で要約し，解答欄に記入しなさい。
● 語数の目安は45語〜55語です。
● 解答は，解答用紙の裏面にある英文要約解答欄に書きなさい。なお，解答欄の外に書かれたものは採点されません。
● 解答が英文の要約になっていないと判断された場合は，0点と採点されることがあります。英文をよく読んでから答えてください。

　Usually, university students go to their campus and take their classes there in person. Some of them may also visit other universities and join their programs.

攻略法　要約問題は「内容」「構成」「語彙」「文法」の４つの観点で採点されます。３つの段落の内容を，要点を絞って過不足なくまとめるようにしましょう。要約する際には，単語を言い換えたり，文構造を簡略化したり，論理的なつなぎ言葉を使ったりする必要があります。問題文の切り貼りではなく，自分の言葉で書くことが求められますので，日ごろから，言い換え表現やつなぎ言葉を意識するようにしましょう。

5 英作文（意見論述問題）

TOPICが与えられ，それについて自分の考えとその理由2つを80語～100語の英文で書く問題です。TOPICとともに理由を書く際の参考となるPOINTSも3つ提示されますが，POINTSは使っても使わなくても構いません。傾向としては，二次試験のNo.3やNo.4のように社会性のある話題が出題されます。

- 以下の**TOPIC**について，あなたの意見とその理由を2つ書きなさい。
- **POINTS**は理由を書く際の参考となる観点を示したものです。ただし，これら以外の観点から理由を書いてもかまいません。
- 語数の目安は80語～100語です。
- 解答は，解答用紙の裏面にある英作文解答欄に書きなさい。なお，解答欄の外に書かれたものは採点されません。
- 解答が**TOPIC**に示された問いの答えになっていない場合や，**TOPIC**からずれていると判断された場合は，0点と採点されることがあります。**TOPIC**の内容をよく読んでから答えてください。

TOPIC
Today, some kindergartens have started teaching English to children. Do you think it is a good idea to teach English to children in kindergartens?

POINTS
- *Career*
- *Japanese language*
- *Effectiveness*

攻略法 意見論述問題は「内容」「構成」「語彙」「文法」の4つの観点で採点されます。「意見表明」→「理由1＋詳細」→「理由2＋詳細」→「まとめ」の構成に沿って，文章をまとめましょう。日ごろから社会性のある話題について自分の意見を持ち，理由もあわせて英語で書けるよう，使える表現をピックアップして覚えておきましょう。

リスニングテスト（約25分）

2人の会話と，その内容に関する質問を聞いて，質問の答えとして最も適切なものを問題用紙に記載されている4つの選択肢から1つ選ぶ問題です。通常，男女2名による2往復（A-B-A-B）の会話であることが多く，2人の関係は，店員と客・家族・学校の友人・会社の同僚などです。電話の会話も出題されます。

No. 1
1 The special drink was not good.
2 She arrived too late.
3 The café was closed.
4 The chocolate shake was sold out.

☆ : Excuse me, are you still selling the special mint milkshake right now?
★ : Well ma'am, actually that promotion just ended yesterday. I'm sorry about that.
☆ : Ah, that's too bad. I was really looking forward to trying it. It looked really delicious.
★ : How about a chocolate shake? It's our best-selling drink.
Question: Why is the woman disappointed?

攻略法 放送が流れる前にあらかじめ選択肢に目を通しておき，放送文の内容や押さえるべきポイントを予測しておきましょう。質問は会話の後に放送されるため，会話の流れや展開を聞き逃さないように集中して聞きます。選択肢では，放送文中の表現が異なる表現に言い換えられていることがあるため，言い換え表現にも注意しましょう。

60語〜70語程度の英文と，その内容に関する質問を聞いて，質問の答えとして最も適切なものを問題用紙に記載されている4つの選択肢から1つ選ぶ問題です。主な出題パターンは，アナウンス，ある人物のエピソード，地理・文化・生物・歴史上の人物についての説明などです。

No. 16
1 People need it to play games.
2 People can exchange it for food.
3 It can be used for getting a present.
4 It allows guests to enter the room.

Thanks everyone for coming to this year's holiday party. Each of you should have received a ticket when you came in. Please make sure to keep it with you. You can exchange it for a small gift later. There are also a lot of games and activities around the room. The food will be served buffet-style. I hope all of you will enjoy the party.
Question: What does the speaker say about the ticket?

攻略法 どこで，誰が，誰に向けて，何について話しているかを想像しながら聞きましょう。第1部の攻略法で説明したポイントに加え，時間表現や逆接表現，動詞の時制にも注意して聞き，情報を正しく整理するようにしましょう。

面接（スピーキングテスト）（約7分）

面接試験では，まず，面接委員に面接カードを手渡してから，指示に従って着席します。氏名や受験する級を確認した後，簡単なあいさつをしてから試験が開始されます。英文（パッセージ）と3コマのイラストの付いたカードが渡され，20秒の黙読の後，英文の音読をするよう指示されます。それから，4つの質問をされます。傾向としては，最新技術，環境問題，教育，福祉など，社会性のある話題が出題されます。

問題	形式・課題詳細
音読	60語程度のパッセージを読む。
No.1	音読したパッセージの内容についての質問に答える。
No.2	3コマのイラストの展開を説明する。
No.3	ある事象・意見について自分の意見などを述べる。 （カードのトピックに関連した内容）
No.4	日常生活の一般的な事柄に関する自分の意見などを述べる。 （カードのトピックに直接関連しない内容も含む）

攻略法　音読では，意味の区切りに注意してはっきりと音読するようにします。No.1では，問題カードの英文を利用して，必要な情報を過不足なく答えましょう。No.2では，まず与えられた英文をそのまま読み上げ，続けて各コマの状況をそれぞれ2文程度で説明します。イラスト内のセリフや矢印に記載されている語句は，そのまま使って説明しましょう。No.3では，ある意見が紹介され，What do you think about that? と質問されるので，その意見に対してI agree. もしくはI disagree. と自分の立場を述べてから，続けてその理由を2文程度で答えましょう。No.4では，Do you think 〜? と質問されるので，まずYes. かNo. で答えましょう。するとWhy? やWhy not?, もしくはPlease explain. と理由を尋ねられるので，2文程度で理由を答えましょう。

Day 1

頻出単語をマスターしよう！

大問1の空所補充問題はもちろん，読解問題でも，
使われている単語の意味をどれだけ多く理解しているかが，
正解率に大きく関わります。
ここで挙げる頻出単語をマスターして，確実に得点しましょう！

1 動詞

　文を組み立てる上で最も重要となる品詞が動詞です。意味を覚えるだけではなく，それぞれの使い方もあわせて覚えるようにしましょう。

▶ 主に他動詞として使われる動詞
他動詞とは目的語をとり，「それをどうするか」を表す動詞です。

☐ absorb	〜を吸収する		☐ obtain	〜を手に入れる
☐ accept	〜を受け入れる		☐ offer	〜を提供する
☐ admit	〜を認める， 〜に入ることを許す		☐ operate	〜を操作する，運営する
			☐ oppose	〜に反対する
☐ adopt	〜を採用する		☐ perform	〜を演じる，行う
☐ allow	〜を許す		☐ permit	〜を許可する
☐ attract	〜を引きつける		☐ persuade	〜を説得する
☐ avoid	〜を避ける		☐ predict	〜を予測する
☐ concern	〜に関係する，関心を持つ		☐ preserve	〜を保つ
☐ consider	〜を熟考する		☐ prevent	〜を妨げる，防ぐ
☐ contribute	〜を寄付する		☐ promote	〜を促進する
☐ declare	〜を宣言する		☐ protect	〜を保護する，守る
☐ decline	〜を断る		☐ prove	〜を証明する， 〜であるとわかる
☐ demand	〜を要求する			
☐ deprive	〜を奪う		☐ provide	〜を与える
☐ describe	〜を表現する，描写する		☐ raise	〜を上げる，育てる
☐ earn	〜を得る，稼ぐ		☐ recommend	〜を推薦する，奨励する
☐ encourage	〜を勇気づける		☐ regard	〜をみなす
☐ establish	〜を設立する		☐ remind	〜に思い出させる
☐ estimate	〜を見積もる，推定する		☐ remove	〜を取り除く
☐ inform	〜に知らせる		☐ request	〜を頼む
☐ insist	〜を強く要求する		☐ separate	〜を分ける
☐ maintain	〜を維持する		☐ suggest	〜を提案する

▶ 主に自動詞として使われる動詞

自動詞は,「主語がどうするか」を表す動詞です。頻繁に組み合わされる前置詞などはあわせて覚えるようにしましょう。自動詞と他動詞,両方の用法がある動詞もありますが,意味が異なる場合もあるので注意して覚えましょう。

☐ apply 〈for〉	〈～に〉申し込む	☐ long 〈for〉	〈～を〉切望する,〈～に〉あこがれる
☐ complain 〈about [of]〉	〈～について〉不満をもらす	☐ operate	作動する,手術する
☐ contribute 〈to〉	〈～に〉寄付する,〈～の〉一因となる	☐ respond 〈to〉	〈～に〉答える,〈～に〉反応する
☐ decrease	減少する	☐ separate	別れる,別居する
		☐ survive	生き残る

2 名詞

大問1の空所補充問題で,動詞とともに出題数が多いのが名詞です。

☐ advantage	有利な点,好都合	☐ figure	人の姿,数字,形状
☐ aid	援助	☐ improvement	改良
☐ allergy	アレルギー	☐ individual	個人
☐ applicant	応募者	☐ injury	けが
☐ article	記事	☐ majority	大多数
☐ aspect	様子,局面	☐ manufacture	製造
☐ attitude	態度	☐ movement	運動,動き
☐ audience	聴衆,観客	☐ nerve	神経
☐ behavior	ふるまい,行動	☐ opportunity	機会
☐ construction	建設	☐ pollution	汚染
☐ consumer	消費者	☐ project	計画,事業
☐ deal	取引,商売	☐ proposal	申し込み,計画,提案
☐ decision	解決,決定	☐ rainforest	熱帯雨林
☐ development	発達,開発	☐ release	解放
☐ employee	従業員	☐ respect	尊敬
☐ experiment	実験	☐ security	安全,防衛
☐ expert	専門家	☐ source	源,原因
☐ factor	要因,要素	☐ substance	物質,材料
☐ fatigue	疲労	☐ surface	表面
☐ favor	親切な行為,好意	☐ survey	調査

Day 1
Day 2
Day 3
Day 4
Day 5
Day 6
Day 7

3 形容詞

名詞を修飾する形容詞は，特に読解問題において，内容を正確に読み取るために重要です。

☐ additional	追加の，付加された		☐ harmful	有害な
☐ ancient	古代の，大昔の		☐ industrial	産業の，工業の
☐ available	利用できる，入手できる		☐ intellectual	知的な
☐ beneficial	有益な，有利な		☐ likely	ありそうな，〜しそうな
☐ capable	能力がある		☐ mental	心の，精神の
☐ characteristic	特有の，特徴的な		☐ psychological	心理学の，心理的な
☐ chemical	化学の		☐ significant	重要な
☐ delicate	微妙な，繊細な		☐ successful	成功した
☐ distinct	別個の，はっきりした		☐ unfortunate	不運な，残念な
☐ due	〜する予定である，当然の		☐ valuable	貴重な，価値のある
☐ effective	効果的な		☐ wealthy	裕福な

4 副詞

副詞は，大問1の空所補充問題では毎回欠かさず出題されています。また読解問題において，特に接続・論理展開を表す副詞は文章の流れを把握するために重要です。

▶ 様態を表す副詞

☐ badly	まずく，とても，ひどく		☐ seriously	まじめに，本気で
☐ politely	丁寧に，礼儀正しく		☐ well	十分に，上手に

▶ 場所・時を表す副詞

☐ immediately	すぐに		☐ upstairs	上階へ

▶ 頻度・程度を表す副詞

☐ annually	毎年		☐ hardly	ほとんど〜ない
☐ completely	完全に，すっかり		☐ increasingly	ますます，だんだんと
☐ exactly	正確に，まさしく		☐ occasionally	ときどき
☐ frequently	しばしば，頻繁に		☐ rarely	めったに〜しない，まれに

▶ 接続・論理展開を表す副詞

☐ actually	実際は		☐ moreover	さらに
☐ besides	その上		☐ naturally	当然
☐ furthermore	さらに		☐ nevertheless	それにもかかわらず
☐ generally	一般に		☐ otherwise	さもなければ
☐ hence	それゆえ		☐ therefore	従って
☐ however	しかしながら		☐ thus	ゆえに

筆記試験＆リスニングテスト

試験時間 筆記**85**分 ｜ リスニング約**25**分

1 次の**(1)**から**(17)**までの（　　）に入れるのに最も適切なものを**1**，**2**，**3**，**4**の中から一つ選び，その番号を解答用紙の所定欄にマークしなさい。

(1) **A:** I heard Tom lost his match yesterday. I thought he would win as he was the defending champion and nobody was as strong as him.

B: His (　　　) was a newcomer but really strong.

1 candidate　　　**2** spectator　　　**3** opponent　　　**4** explorer

(2) The airplane was forced to make a different (　　　) to the runway than normal in response to the strong wind and freezing weather conditions.

1 reaction　　　**2** approach　　　**3** appearance　　　**4** basis

(3) Thanks to recent innovations in technology, some of the newest laptop computers (　　　) 30 percent less electricity than older models.

1 prove　　　**2** consume　　　**3** purchase　　　**4** develop

(4) As society becomes more highly information-centered, the important points when it comes to the media are the (　　　) of information and the speed of communication.

1 accuracy　　　**2** exception　　　**3** consumption　　　**4** delivery

(5) **A:** I have just read the article about that famous movie star, Andy. He (　　　) donated 100,000 dollars to charity for the disaster victims.

B: That is really good of him.

1 frequently　　　**2** generously　　　**3** locally　　　**4** vaguely

(6) Despite the fact that the ace pitcher is injured, the baseball team (　　　) its biggest rival by a score of 11 to 2 in the game last night.

1 offended　　　**2** defeated　　　**3** struck　　　**4** betrayed

Day 1
Day 2
Day 3
Day 4
Day 5
Day 6
Day 7

(7) Ms. Cook was asked to attend a formal party but had nothing (   ) to wear. Luckily, a friend lent her a dress.

1 suspicious   **2** suitable   **3** serious   **4** affective

(8) *A:* Excuse me. What time do you (   ) breakfast in this restaurant?
B: We start from eight on weekends.

1 serve   **2** save   **3** restrict   **4** accept

(9) Coal-fired power plants don't appeal to those who want to (   ) the environment, because they are afraid of environmental pollution.

1 preserve   **2** obey   **3** disturb   **4** renew

(10) Timothy had to wait three hours at the airport before his flight could leave. The (   ) in the flight's departure was because of a strong wind in the area.

1 preparation   **2** delay   **3** schedule   **4** cause

(11) Although this community center is open to any citizen, nobody is allowed to use it without saying (   ) what they are going to use it for.

1 on purpose   **2** in advance   **3** in return   **4** by chance

(12) Many people now realize the importance of working in a global society, and participation (   ) this student-exchange program has increased to almost 100,000 people.

1 in   **2** to   **3** for   **4** with

(13) Harry's son is not good at getting along with people. (   ), Harry's daughter is very sociable and outgoing.

1 In general   **2** At most   **3** After all   **4** In contrast

(14) *A:* Bob, you said you asked Mary to go out for dinner on Sunday. How was it?
B: Oh, she canceled the date at the last moment. I (   ) eating pizza alone at my house.

1 felt like   **2** refrained from   **3** ended up   **4** burst out

(15) **A:** Elena, you fell asleep during the lecture, didn't you?

B: Yes. I'm very sleepy because I (　　　) up to finish the report that's due today.

1 stayed **2** looked **3** turned **4** picked

(16) The couple decided to put (　　　) their wedding for a couple of months after the bride's father suddenly went into hospital for an operation.

1 up **2** out **3** off **4** to

(17) If you take (　　　) of the fact that Daisy has been in Japan only for a month, she knows a lot about our way of life.

1 account **2** care **3** charge **4** hold

筆記試験&リスニングテスト

Day
1

Day
2

Day
3

Day
4

Day
5

Day
6

Day
7

次の英文 A , B を読み，その文意にそって (18) から (23) までの（　　）に入れるのに最も適切なものを **1**，**2**，**3**，**4** の中から一つ選び，その番号を解答用紙の所定欄にマークしなさい。

Baby Colic and Gripe Water

Baby colic is the name of a condition in which babies cry an excessive amount. Most babies cry regularly, but according to the definition, babies suffering from colic cry for more than three hours at a time. The cause of this is not known, and it is not a sign of any other health concern. Babies with colic do not develop any sicknesses more than other babies. The main problem caused by colic is the worry felt by parents. They can lose sleep, experience stress, and even become depressed. Parents might think they are (**18**) when colic may simply be the natural way their baby acts.

Since colic has been around for so long there have been many treatments. One of the most common medicines was called gripe water. It was mostly made from alcohol and sugar and given to babies in small amounts. The mixture did cause babies to calm down, but was (**19**). Before governments regulated medicine, these harmful treatments were common. Eventually, these medicines were outlawed and replaced with formulas that were made from herbs.

The newer medicines are still called gripe water, but unfortunately, there is no evidence that they treat colic. (**20**), they might even cause some harm. A study in India looked into how babies reacted when given gripe water. The babies who took it cried just as much as the other babies and had more stomach problems. It might be tempting for parents to use some kind of treatment if they have a baby with colic, but there may not be a better method than just waiting.

---

(18)　**1** getting along with babies　　**2** doing something wrong
　　　　3 going to bed early　　　　　**4** strict in discipline

(19)　**1** not used by many people　　**2** not sweet enough
　　　　3 bad for their health　　　　**4** too expensive to be bought

(20)　**1** At first　　　　　　　　　　**2** Rather
　　　　3 For instance　　　　　　　**4** Since then

2

B

Money

Every day we use money for almost everything such as buying food and spending on our homes. We always have it with us and we enjoy receiving it. Money is such an important factor that it determines which countries control the world. (*21*), it would be difficult for the world to run without it.

In very ancient cultures before the concept of money existed in society, people would take the goods that they had produced or grown to a marketplace and trade them for the goods of others. If a fisherman needed bread, he would use his fish to "buy" it. Even in those times a rough version of economics (*22*). If fish were plentiful and it had been a bad season for farming, it would take more fish to purchase vegetables.

Those days are far behind us. We can see income as a symbol of the value society places on a particular skill. The larger the perceived contribution to society, the more money society is willing to give in exchange for those skills. For example, doctors get higher incomes because their medical skills are considered to be rarer and more important than those of house painters. However, if there is just one house painter in a town and many houses to be painted, the income would be changed. The painter's skills would (*23*) and he or she could charge more. Instead of trading goods for goods, we trade our time and skills for money, which gives us the power to purchase the goods that we need or want.

---

(21) **1** On the other hand   **2** Despite this
     3 In short   **4** Fortunately

(22) **1** was hardly seen   **2** was soon diminished
     3 gradually came apart   **4** was at work

(23) **1** be in greater demand   **2** be lost forever
     3 promote a relationship   **4** remove the basic needs

Day 1
Day 2
Day 3
Day 4
Day 5
Day 6
Day 7

3 A 次の英文 A, B の内容に関して, *(24)* から *(31)* までの質問に対して最も適切なもの, または文を完成させるのに最も適切なものを **1**, **2**, **3**, **4** の中から一つ選び, その番号を解答用紙の所定欄にマークしなさい。

From: Nautilus Appliances <customerservice@nautilusappliances.com>
To: Riley Baumstein <r.baum@topmail.com>
Date: March 12
Subject: New Dishwasher

Dear Ms. Baumstein,

Thank you for asking about our new product, the Whisper Wash dishwasher. Let me answer your questions. First, you asked about the detailed features of the product. The Whisper Wash uses the latest technology to reduce noise while staying strong enough to clean your dirty dishes. It works so quietly that you would hardly notice it running even when you are in the kitchen. You will be amazed how silent it is.

Second, with regard to customer support, we are confident in our new dishwasher with its lifetime guarantee. If your dishwasher ever breaks, we will fix it for free. If we are unable to fix it, we will replace it with a new one at no cost. Just contact our repair department with the phone number found in the user guide on our website.

We also offer yearly maintenance for your dishwasher free of charge. The best way to prevent your dishwasher from breaking is to have regular maintenance checkups before it breaks down. Please call the same phone number for assistance. You can schedule an appointment with an official Nautilus staff member who will come to clean your dishwasher. Our staff will make sure everything is working correctly. You are able to use this service once a year. If you have any further questions, please feel free to contact us.

Sincerely,

Nautilus Appliances

(24) The Whisper Wash dishwasher

    1 is a new product that makes use of new technology.

    2 has a self-cleaning function and needs no maintenance.

    3 has been reduced in size to fit in any kitchen.

    4 runs extremely quietly by using less water.

(25) What should Ms. Baumstein do first if the dishwasher breaks?

    1 Send an e-mail to schedule an appointment for repair.

    2 Visit the company website to have regular maintenance.

    3 Receive a replacement dishwasher from the store.

    4 Dial the phone number listed in the manual.

(26) What is true about the regular maintenance for the dishwasher?

    1 It includes a free repair and cleaning lecture.

    2 It reduces the chance of the dishwasher breaking.

    3 Ms. Baumstein can get it for free for one year.

    4 Official staff members clean the dishes free of charge.

筆記試験＆リスニングテスト

Day
1
Day
2
Day
3
Day
4
Day
5
Day
6
Day
7

Saving Elephants

Many people believe that elephants are afraid of mice, but according to experts this is not true. In fact, one of the problems with elephants in Africa is that there are very few things they are afraid of. This means that they often put themselves in danger by entering farms and villages. Local people would shoot at the elephants in order to protect their homes and crops. Now, however, scientists have finally discovered a small creature that elephants are frightened of—the bee. They are hoping that they can use this knowledge to help protect elephants.

Elephant experts have suspected for some time that elephants might be afraid of bees. This was because they noticed that they avoided trees with beehives in them. Also, they had observed that in some parts of Africa, elephants would change the paths they took when bees settled in trees on their normal routes. This is probably because the bees in southern and eastern Africa are particularly dangerous. Indeed, African bees have been known to attack and kill buffaloes that threaten their hives.

Dr. Lucy King, a scientist from Oxford University who studies elephants, decided to test whether elephants were really frightened of bees. The first thing that she and her team did was to make recordings of angry bees. This was not easy because the bees were so dangerous. She put up a microphone and a tape recorder in front of a beehive, threw a stone into the hive, and then ran back to her car. After the bees had calmed down, she collected the recording.

The team then put the loudspeakers inside fake tree trunks and played them to elephants that were sleeping in the midday heat. Out of 17 families of elephants, 16 ran away within 80 seconds of hearing the tape. The one family that did not run away was very young and so had no experience of bees. Dr. King made use of this research and has introduced fences with hanging beehives around the villages. In this way, the communities can get honey to sell and also, people and elephants can be protected from each other.

(27) Why do local people in Africa sometimes try to kill elephants?

1 Elephants become aggressive and dangerous when frightened by a mouse.

2 Elephants can enter the village and cause damage to their homes and farms.

3 People have to protect themselves from dangerous bees that follow elephants.

4 People want to get their bones and sell them to earn a living.

(28) What do bees in some parts of Africa do?

1 Collect honey from the flowers that grow near elephants' homes.

2 Avoid making their hives on trees in areas where elephants live.

3 Change routes in order to attack buffaloes and other animals.

4 Threaten even big animals that come too near their hives.

(29) Dr. King threw a stone into a beehive

1 so that she could record the sound of stone hitting a beehive.

2 in order to prevent bees from attacking her while she got the microphone back.

3 because she wanted to frighten bees away from the elephants.

4 so as to disturb bees and make them really angry for a while.

(30) What is the reason that one family of elephants did not run away?

1 They realized that the sounds were fake and thought there was no need to escape.

2 They were sleeping deeply after lunch and did not notice any sounds.

3 They had never heard the sounds before and did not find them dangerous.

4 They were not able to run fast and gave up on escaping.

(31) Which of the following statements is true?

1 Dr. King conducted research to learn more about what makes bees angry.

2 Elephant experts want to use bees to keep elephants away from people.

3 Many local people in Africa teach elephants how to run away from bees.

4 The honey of the most dangerous bees in Africa was sold at high prices.

4 ライティング （英文要約）

● 以下の英文を読んで，その内容を英語で要約し，解答欄に記入しなさい。
● 語数の目安は45語〜55語です。
● 解答は，解答用紙の裏面にある英文要約解答欄に書きなさい。なお，解答欄の外に書かれたものは採点されません。
● 解答が英文の要約になっていないと判断された場合は，0点と採点されることがあります。英文をよく読んでから答えてください。

Usually, university students go to their campus and take their classes there in person. Some of them may also visit other universities and join their programs. There are other options to take lessons, too. These days, online classes are available at many universities.

When students belong to an online program, they can have the opportunity to access their classes in two main ways. They can attend them live or view the recordings of them afterward by streaming or downloading them whenever they want over the Internet. Also, students do not have to commute to school, so they do not have to pay for things like bus or train tickets.

On the other hand, studying online can cause some students to become lonely because they do not meet their other classmates. On top of that, it can take time for them to build their relationships with their professors due to a lack of face-to-face interactions.

5 ライティング（英作文）

●以下の**TOPIC**について，あなたの意見とその<u>理由を2つ</u>書きなさい。

●**POINTS**は理由を書く際の参考となる観点を示したものです。ただし，これら以外の観点から理由を書いてもかまいません。

●語数の目安は80語〜100語です。

●解答は，解答用紙の裏面にある<u>英作文解答欄</u>に書きなさい。なお，<u>解答欄の外に書かれたものは採点されません。</u>

●解答が**TOPIC**に示された問いの答えになっていない場合や，**TOPIC**からずれていると判断された場合は，<u>0点と採点されることがあります。</u>**TOPIC**の内容をよく読んでから答えてください。

Day 1
Day 2
Day 3
Day 4
Day 5
Day 6
Day 7

TOPIC

Some people say that it is important for university students to take gym classes. Do you agree with this opinion?

POINTS

● *Choice*
● *Health*
● *Future*

Listening Test

2級リスニングテストについて

❶このリスニングテストには，第1部と第2部があります。
★英文はすべて一度しか読まれません。
第1部：対話を聞き，その質問に対して最も適切なものを **1**, **2**, **3**, **4** の中から一つ選びなさい。
第2部：英文を聞き，その質問に対して最も適切なものを **1**, **2**, **3**, **4** の中から一つ選びなさい。
❷*No. 30* のあと，10秒すると試験終了の合図がありますので，筆記用具を置いてください。

第 1 部　◀》 001～016

No. 1
1 The special drink was not good.
2 She arrived too late.
3 The café was closed.
4 The chocolate shake was sold out.

No. 2
1 His mother doesn't want any presents.
2 He wants to buy her some sweets.
3 It is good to have a lot of jewelry.
4 The necklace is too expensive.

No. 3
1 A meal that they ate together.
2 A holiday they're planning for.
3 A sports game they're going to.
4 A restaurant they work at.

No. 4
1 She has to go out suddenly.
2 She has a bad cold.
3 The package wasn't delivered.
4 Her daughter doesn't want to see a doctor.

No. 5
1 Get a delivery at the door.
2 Watch TV in another room.
3 Stop using headphones.
4 Lower the volume of the TV.

No. 6	**1** He plays games really well.
	2 He wants to meet a new coworker.
	3 She wants to play some new games.
	4 She lost some board games.

No. 7	**1** They will go bad soon.
	2 They are too expensive.
	3 She already has some at home.
	4 She doesn't like chicken legs.

No. 8	**1** He thinks she makes mistakes often.
	2 He likes her earlier writings better.
	3 He is impressed by what she's doing.
	4 He doesn't have time to read her work.

No. 9	**1** She bought a birthday gift.
	2 She reserved a location.
	3 She prepared some food.
	4 She purchased some drinks.

No. 10	**1** His registration card.
	2 His name tag.
	3 A parking pass.
	4 A ticket for the event.

No. 11	**1** She left her book at home.
	2 She didn't do her homework.
	3 She didn't get along with John.
	4 She was late for school.

No. 12	**1** Read a book.
	2 Wait for five minutes.
	3 Go to a café.
	4 Leave London by bus.

Day 1
Day 2
Day 3
Day 4
Day 5
Day 6
Day 7

No. 13

1 They are going to visit the woman's sister.
2 Their guest room doesn't have a bed.
3 They think their bedroom is too simple.
4 They are going to get a new mattress.

No. 14

1 She saw it on the store's website.
2 She heard a radio promotion.
3 She read it in the newspaper.
4 She was told by a friend.

No. 15

1 She was busy at work.
2 She missed her train.
3 She was talking to a friend.
4 She forgot her cell phone.

No. 16	**1** People need it to play games.
	2 People can exchange it for food.
	3 It can be used for getting a present.
	4 It allows guests to enter the room.

No. 17	**1** His neighbor complained about his outdoor cooking.
	2 One of his cooking tools was broken.
	3 He didn't have enough space for the grill.
	4 He wanted something expensive.

No. 18	**1** He didn't like to be sweaty all day.
	2 His boss asked him to do so.
	3 He wanted to carry his clothes.
	4 He moved far away from work.

No. 19	**1** She bought tools at the store.
	2 She viewed instructions online.
	3 She made a table and chairs.
	4 She rented a room for a month.

No. 20	**1** Local artists make them.
	2 They come from many cities.
	3 It has enough money to buy them.
	4 Lots of hotels donate them.

No. 21	**1** Wait for the game to be delivered.
	2 Form a line at the item pickup desk.
	3 Come back in a few hours.
	4 Go to the regular checkout counter.

No. 22	**1** She gets nervous when she performs.
	2 She doesn't have friends to help her.
	3 She can no longer afford lessons.
	4 Few people are coming to her concert.

Day 1
Day 2
Day 3
Day 4
Day 5
Day 6
Day 7

No. 23	**1** They lay eggs which look like candies.
	2 They build large balloon-shaped nests.
	3 They eat food kept in others' bodies.
	4 They steal honey from bees.

No. 24	**1** Repair their kitchen equipment.
	2 Eat at a different restaurant.
	3 Call someone to fix the fryer.
	4 Cook some fried chicken.

No. 25	**1** He tries to eat no sweets at all.
	2 He skips dessert every other day.
	3 He cooks small amounts of food for dinner.
	4 He makes healthy sweets for himself.

No. 26	**1** It was built for that purpose.
	2 The weather is clear.
	3 The ground is smooth.
	4 There is very little wind.

No. 27	**1** Go out to eat together more often.
	2 Do something together at the same time.
	3 Make sure to talk every day.
	4 Watch the same movies.

No. 28	**1** Based on the guest's decision.
	2 In the order in which they are received.
	3 According to the preferences of the host.
	4 In random order.

No. 29	**1** Summer is usually very hot.
	2 Fall is the best season.
	3 It often changes all year round.
	4 It has a long wet season.

No. 30	**1** It is owned by a relative of Cathy.
	2 Some customers have become students.
	3 Free drinks are given to students.
	4 There are many rooms for rent.

筆記試験＆リスニングテスト

Day
1

Day
2

Day
3

Day
4

Day
5

Day
6

Day
7

頻出熟語をマスターしよう！

基本単語の組み合わせなのに，日本人には覚えにくいのが熟語。
熟語をしっかり押さえて，大問1の空所補充問題だけではなく
読解問題にも備えましょう。

1 句動詞（群動詞）

　動詞＋副詞（または前置詞, もしくは副詞と前置詞の両方）からなる句動詞（群動詞）は, 実際の英語では頻繁に使用され，大問1の空所補充問題でも必ず出題されます。日本語訳で覚えるよりも, 動詞と副詞の基本イメージの組み合わせで覚えた方が記憶に残りやすいものです。ここでは副詞のイメージごとに，必須熟語をまとめました。

▶ in → 基本イメージ：中へ

☐ get in	（中へ）入る， （車などに）乗り込む		☐ cut in	話の邪魔をする， （車が）割り込む
☐ break in	話に割り込む， 建物に押し入る			

▶ out → 基本イメージ：外へ／発展イメージ：広げて，出現して，終わって

☐ get out (of)	（〜を）出て行く		☐ make out	〜を理解する
☐ spread out	〜を広げる		☐ turn out	結局〜であることがわかる
☐ stretch out	（手・体など）を伸ばす		☐ put out	（火・明かりなど）を消す
☐ break out	（災害・戦争などが）勃発する		☐ run out	尽きる
☐ come out	（本が）出版される， （商品が）市場に出る， （ニュース・真実などが）明らかになる，公表される		☐ wear out	すり減る，徐々になくなる
			☐ fill out	〜に必要事項を書き入れる
			☐ work out	うまくいく，（問題など）を解く

▶ up → 基本イメージ：上がって，高まって／発展イメージ：起きて，達して

☐ bring up	（子ども）を育てる， （議題・問題など）を持ち出す		☐ drink up	飲み干す
			☐ finish up	仕上げる，結局〜で終わる
☐ speak up	声を高める		☐ catch up with	〜に追いつく
☐ sit up	起き上がる， （寝ないで）起きている			
☐ stay up	（寝ないで）起きている		☐ keep up with	〜に遅れないでついていく

▶ down → **基本イメージ：下がって，落ちて／発展イメージ：書き留めて**

☐ break down	壊れる	☐ put down / write down	～を書き留める
☐ turn down	（音量など）を下げる，（提案など）を却下する		

▶ on → **基本イメージ：接触して／発展イメージ：続いて，継続して**

☐ put on	（服など）を身に着ける	☐ go on	進み続ける，続く
☐ hold on	電話を切らないでおく，持ちこたえる	☐ keep on	続ける，やり通す
		☐ live on	～を収入源として生活する

▶ off → **基本イメージ：離れて／発展イメージ：止まって，中止して，やめて**

☐ take off	（飛行機などが）離陸する	☐ turn off	（水・ガスなど）を止める，（テレビ・明かりなど）を消す
☐ keep off	～に近寄らない，（飲食物など）を控える	☐ put off	～を延期する

2 そのほかの動詞型の熟語

☐ account for	～を説明する	☐ have difficulty in	～に苦労する
☐ call for	～を必要とする	☐ have second thoughts	考え直す
☐ come about	起こる		
☐ come up with	～を思いつく	☐ refrain from *doing*	～するのを控える
☐ deal with	～を扱う		
☐ devote *oneself* to	～に専念する	☐ run short of	～を切らす，～が不足する
☐ do away with	～を廃止する		
☐ end up *doing*	結局～する	☐ stand for	～を表す
☐ keep in touch with	～と連絡を取る	☐ take place	起こる

3 be 動詞型の熟語

☐ be at a loss for	～で途方に暮れる	☐ be ready to *do*	喜んで～する
☐ be beneficial to	～に有益［有利］である	☐ be short of	～が不足する
☐ be due to	～のせいである，～による	☐ be supposed to *do*	～することになっている
☐ be equal to	～に等しい		
☐ be exposed to	～にさらされる	☐ be suspicious of	～を疑う
☐ be familiar with	～をよく知っている	☐ be up to	～次第である，～の責任である
☐ be indifferent to	～に無関心である		
☐ be known to	～に知られている	☐ be worth *doing*	～する価値がある

Day 1
Day 2
Day 3
Day 4
Day 5
Day 6
Day 7

4 前置詞型の熟語／接続表現

☐ according to	～によれば		☐ to the point	要領を得た，適切な
☐ by means of	～によって		☐ as a matter of fact / in fact	実は，それどころか
☐ by no means	決して～でない		☐ as a result	その結果として
☐ for certain	確かに		☐ in addition	加えて，ほかにも
☐ in a sense	ある意味では		☐ in [by] contrast	それに比べて，それとは対照的に
☐ in advance	事前に			
☐ in case of	もし～の場合には		☐ in the meantime [meanwhile]	その間に
☐ in charge of	～の責任を持っている			
☐ in terms of	～の点から		☐ on the contrary	それどころか
☐ in time for	～に間に合って			
☐ next to	〈否定を表す語の前に用いて〉ほとんど		☐ on the other hand	一方

5 似た意味をもつ熟語

☐ call on / look up	（人）を訪問する		☐ be fed up with / be sick of / be tired of	～に飽き飽きしている，うんざりしている
☐ carry out / go through with	～を実行する，成し遂げる			
☐ come across / run across	（人）に偶然に出会う，～を偶然に見つける		☐ be sure to *do* / be bound to *do*	きっと～する
☐ count on / rely on [upon]	～をあてにする，～に頼る		☐ anything but / far from / not at all / not in the least	決して～でない
☐ do away with / put an end to	～を終わらせる，なくす			
☐ make up for / compensate for	～を償う，～の埋め合わせをする		☐ because of / on account of / owing to / due to	～のために
☐ be accustomed to / be used to	～に慣れている		☐ once in a while / from time to time	ときおり
☐ be likely to *do* / be liable to *do*	～しがちである			

6 反対の意味をもつ熟語

☐ have much to do with	～と大いに関係がある	⇔	have nothing to do with	～と少しも関係がない
☐ be willing to *do*	喜んで～する	⇔	be reluctant to *do*	～する気がしない
☐ at least	少なくとも	⇔	at most	せいぜい
☐ in general	一般に	⇔	in particular	特に

筆記試験

試験時間 筆記**85**分

1 次の (1) から (17) までの（　　　）に入れるのに最も適切なものを **1**, **2**, **3**, **4** の中から一つ選び，その番号を解答用紙の所定欄にマークしなさい。

---

(1) The newspaper said that the newly developed rocket had been successfully
(　　　) from Tanegashima Space Center the day before.
1 adapted　　　　**2** ruined　　　　**3** launched　　　　**4** promoted

(2) Jessica has been trying to get in touch with her boyfriend, but he (　　　)
ever answers whenever she phones.
1 hardly　　　　**2** specially　　　　**3** repeatedly　　　　**4** nearly

(3) *A:* Jason, I wonder if you could make a speech at the beginning of the
conference.
B: My pleasure. It's an (　　　) to speak in such a big place.
1 appeal　　　　**2** effort　　　　**3** honor　　　　**4** award

(4) *A:* My name is Tanaka Ken. I'd like to (　　　) my reservation.
B: Certainly, Mr. Tanaka. Could you just tell me the date again, sir?
1 book　　　　**2** confirm　　　　**3** cover　　　　**4** offer

(5) Since Betty has long dreamed of the perfect college experience, she is
thinking of visiting the school she wants to go to before applying for
(　　　).
1 possibility　　　　**2** direction　　　　**3** admission　　　　**4** information

(6) In order to improve the quality of its career guidance, the university did a
study to see how much stress workers in different occupations (　　　).
1 supported　　　　**2** refused　　　　**3** charged　　　　**4** suffered

(7) When Kelly called Hasbro Hospital, the receptionist couldn't give her an
(　　　) with Dr. Johnson until next month. She had to try another
hospital.
1 occasion　　　　**2** appointment　　　　**3** interest　　　　**4** advantage

Day 1
Day 2
Day 3
Day 4
Day 5
Day 6
Day 7

(8) Lucy is too shy to go anywhere by herself, so she is looking for someone to (   ) her to the dance.

1 suggest   **2** accompany   **3** allow   **4** recognize

(9) Oliver was so late for the lecture that he decided to take a taxi. To his surprise, there weren't any taxis (   ) at the station.

1 useful   **2** convenient   **3** available   **4** flexible

(10) **A:** The school's baseball team is amazing! How did you guys get so good?

B: I think one (   ) is the coaching we get. The coaches have helped us so much.

1 factor   **2** position   **3** objective   **4** compliment

(11) The newly married couple made a promise to take (   ) at cooking, but the husband broke the promise soon after.

1 attempts   **2** rules   **3** orders   **4** turns

(12) Everyone admits that the company's remarkable increase in profits was (   ) their new business strategy and partnership with other companies.

1 filled with   **2** worthy of   **3** due to   **4** prior to

(13) I won't say the project is totally (   ), but you'd better consider that it is quite unlikely to be approved.

1 under construction   **2** in a hurry

3 with ease   **4** out of the question

(14) Jane was in the hospital for two weeks, so she had to work hard to (   ) up with all the classwork she had missed at school.

1 catch   **2** end   **3** come   **4** put

(15) **A:** Hi, Cathy. It's Tim. Can I talk to you for a second?

B: Actually, no, I'm (   ) right now. I will call you back later when I'm finished.

1 at a loss   **2** on account   **3** in time   **4** on duty

(16) The company (   ) a survey interviewing 500 working women in their 20s to 50s who earned a high income and owned property.

1 stood for   **2** came across   **3** broke into   **4** carried out

(17) **A:** These chemicals are rather cheap, but they are harmful for the environment. We should try to (   ) them.

B: You are right. Let's focus on searching for alternatives.

1 get used to   **2** take a look at   **3** make up to   **4** do away with

Day
1

Day
2

Day
3

Day
4

Day
5

Day
6

Day
7

次の英文 A, B を読み，その文意にそって*(18)*から*(23)*までの（　　）に入れるのに最も適切なものを**1**，**2**，**3**，**4**の中から一つ選び，その番号を解答用紙の所定欄にマークしなさい。

Electronic Noses

When we think of how machines get information about the world, we mostly think about vision. Robots and other machines often use cameras to interpret data. This usually works well. (　*18*　), there are more ways to sense what is going on in the world, including the sense of smell. Strange as it may seem, giving machines the sense of smell could also be useful. In fact, there are already "electronic noses" that are in use right now. These electronic noses detect the smallest amount of chemical substances floating in the air and match them up with smells humans can detect.

One use for an electronic nose is to detect unpleasant smells in place of humans. Meat can be inspected to make sure it has not spoiled. It would not be effective for a machine to detect spoiled meat using cameras, but a nose is well-suited for this task. Electronic noses could also be installed in public buildings to determine if a room is dirty. If so, the staff can send a cleaning team immediately instead of waiting for someone to (　*19*　).

The technology can also be used for medical purposes. In such a case, the electronic nose would not be used to detect something that a human could normally detect. Instead, it would be used to smell things that are (　*20*　). For example, by smelling the breath of a patient, an electronic nose can detect chemical substances that are produced when someone has a disease. Dogs have been used for similar purposes, but they are much less reliable and require training.

---

(18) **1** For this reason   **2** At least
       3 As usual   **4** Even so

(19) **1** call them for laundry   **2** pay for their work
       3 complain about the smell   **4** make the bed every day

(20) **1** based on new research   **2** used more in the past
       3 much more difficult to sense   **4** specially made for humans

2 B Vegetarianism

Many people throughout history have preferred not to kill animals for food. Leonardo da Vinci, Benjamin Franklin, Leo Tolstoy, and Paul McCartney all (**21**) meat. The practice of avoiding consuming meat is called vegetarianism. Some people become vegetarians for religious reasons, others for health concerns, and still others just do not like the taste of meat. Recently, more and more people who feel compassion for animals are turning to vegetarianism.

There are various types of vegetarianism. For example, some vegetarians continue to eat dairy products, eggs, and fish and simply eliminate red meat, while others such as vegans avoid all animal-derived products from their diet. They can consume protein through peas and beans. For many other people, the idea of eating only fruit and vegetables and cutting down on eating meat and fish seems almost impossible. (**22**), there is a growing market for vegetarian cooking.

Nowadays more and more vegetarian restaurants are being opened. Many young people are "turning vegetarian" for a short period just to see what it is like. A lot of them say they are more careful about what they eat and feel better for it. Mark Twain once said, "The only way to keep your health is to eat what you don't want, drink what you don't like, and do what you'd rather not." Now the situation has changed. What is good for you (**23**) to taste bad, or be too much trouble to prepare. People can improve their diet by going to the restaurant to enjoy a delicious vegetarian meal.

Day 1
Day 2
Day 3
Day 4
Day 5
Day 6
Day 7

---

(21)
1 tried to get more
3 hunted animals for
2 declared their love of
4 gave up eating

(22)
1 Nevertheless
3 In a sense
2 Therefore
4 Moreover

(23)
1 today still needs
3 has been changing
2 no longer has
4 is now considered

次の英文 $\boxed{A}$, $\boxed{B}$ の内容に関して, *(24)* から *(31)* までの質問に対して最も適切なもの, または文を完成させるのに最も適切なものを **1**, **2**, **3**, **4** の中から一つ選び, その番号を解答用紙の所定欄にマークしなさい。

From: Jerald Linden <j_linden@peoplesestate.com>
To: Rachel Burr <r_burr@peoplesestate.com>
Date: 17 March
Subject: About Mr. Johnson

Rachel,

I wanted to give you the information I got today about Mr. Johnson. Mr. Johnson is a new customer, who is looking for a place to live in the Rainbow District. He has a wife and two children. Mr. Johnson is going to work in Tallis Town starting next week, so he wants somewhere near his office so that he can drive there in less than 30 minutes. He doesn't care whether it's an apartment or a house.

Mr. Johnson will be visiting on Thursday at 2:00 p.m., but unfortunately I'll be out of the office tomorrow for two days. I hope you can take my place. If you don't have time, could you call Danny for help?

I already picked out some houses that you can show Mr. Johnson when he comes. One of the houses is on Park Avenue. It's a new house with many rooms, including a basement. However, it only has parking space for one car. The other two options have parking for two or more cars, but they are farther away from Tallis Town. All of the houses are close to schools and parks, and far from the main roads and factories. They are in a quiet community, just as he requested, so I think he'll find one that he likes.

Thanks,

Jerald

(24) What kind of housing is Mr. Johnson looking for?

1 A place that is a reasonable commuting distance to Tallis Town.

2 A large house with four rooms and preferably a basement.

3 An apartment or a house just outside of Rainbow District.

4 A residence that has a garage that accommodates two cars.

(25) Jerald asks Rachel to

1 come to the place where he is going to have the meeting.

2 show Mr. Johnson a couple of houses on Thursday.

3 search for other suitable housing options for Mr. Johnson.

4 call him back today as soon as she reads the e-mail.

(26) What do all of the houses Jerald selected have in common?

1 They are all on Park Avenue and near schools and parks.

2 They are all close to Mr. Johnson's current house.

3 They all have parking space for two or more cars.

4 They are all in a quiet part of the Rainbow District.

Day 1
Day 2
Day 3
Day 4
Day 5
Day 6
Day 7

Improving Memory

Scientists have been finding out many different ways to improve memory. In January 2019, a team of Japanese researchers revealed that taking a pro-histamine drug can improve people's long-term memory. Although the drug may sound attractive for students looking for help with their studies, the researchers warned that the drug should not be used unless ordered by a doctor. Also, it has not been tested for learning new things.

As for an easy-to-follow way to boost one's memory, Dr. Andrew Parker of Manchester Metropolitan University found evidence of a positive effect of eye movement on memory more than 10 years ago. In 2007, he designed an experiment that would test recognition memory, which is the ability to recognize something that was encountered before. For example, a person may notice a friend's face when they happen to walk past each other in the city by chance. The concept of recognition memory is often compared to recall memory, which is the ability to bring to mind something that people have experienced in the past. For example, this allows a person to answer the question, "What did you eat yesterday?"

In his experiment, Dr. Parker had 102 students listen to a male voice reading out groups of 15 words. After listening to the words, he divided the students into three different groups. The first group was told to move their eyes from side to side. The second group was told to move their eyes up and down. The third group was not told to do anything. He then gave the students lists of words and asked them to mark the ones that had been read out. The lists contained a number of "lure" words, which were words that had not been read out but were easily associated with the actual words spoken.

The results were impressive. Compared to the others, the first group's results for remembering correct words were on average 10 percent better and their results for mistakenly choosing "lure" words were on average 15 percent lower. This meant that they were much less likely to be fooled by related words on the lists. Moving the eyes horizontally can be a simple way for those who want to improve their memories.

(27) What do the Japanese researchers caution about?

1 Looking for easier ways to improve memory through sleeping pills.

2 Finding ways to cure the illnesses of brains without any doctor's advice.

3 Using medicines that are not given by a doctor to help people study.

4 Concentrating too hard on studying for passing memory tests at school.

(28) "Recognition memory" is

1 used when a person encounters something that was experienced before.

2 the term that Dr. Parker tried to define in the research he conducted 10 years ago.

3 the type of memory for recalling the content of what people have read in the past.

4 considered to be a more accurate type of memory than recall memory.

(29) The students in the experiment

1 distinguished the words that they had just heard from the ones that they did not.

2 were asked to read out groups of different words and remembered them correctly.

3 had to move their eyes in different directions while listening to a speaker's voice.

4 were divided into groups based on the words that they had heard.

(30) What was one of the groups 10 percent better at?

1 Recognizing the "lure" words among the other words in the list.

2 Moving their eyes from word to word while checking the list.

3 Marking the right words which had been read out before.

4 Remembering the correct spelling of a word on the list.

(31) Which of the following statements is true?

1 A team of Japanese doctors developed the drugs to improve people's recognition memory.

2 Dr. Parker revealed the connection between recall memory and recognition memory.

3 Students are less likely to be fooled by false information when they move their eyes vertically.

4 Research has shown the way that people can boost their memories with physical movement of the eyes.

Day 1
Day 2
Day 3
Day 4
Day 5
Day 6
Day 7

●以下の英文を読んで，その内容を<u>英語で要約</u>し，解答欄に記入しなさい。

●語数の目安は45語～55語です。

●解答は，解答用紙の裏面にある英文要約解答欄に書きなさい。<u>なお，解答欄の外に書かれた</u><u>ものは採点されません。</u>

●解答が英文の要約になっていないと判断された場合は，<u>0点と採点されることがあります。</u>英文をよく読んでから答えてください。

　　When reading a book, many people like to read books printed on paper. Others prefer to read on devices like tablets and smartphones. There is another choice, too. Some people like to listen to books, which are known as audiobooks.

　　Why do people choose audiobooks? Some people like to be able to do other things while listening to an audiobook, such as exercising at the gym. Other people like them because they do not need to read them, so they can rest their eyes for a while.

　　On the other hand, audiobooks can be expensive because they have to be recorded, not printed like normal books. Also, if people get distracted, for example, by sudden noise, they may lose track of their position in their book. This can be a problem because it sometimes takes time to locate the part they want to replay.

5 ライティング（英作文）

●以下の**TOPIC**について，あなたの意見とその<u>理由を2つ</u>書きなさい。

●**POINTS**は理由を書く際の参考となる観点を示したものです。ただし，これら以外の観点から理由を書いてもかまいません。

●語数の目安は80語〜100語です。

●解答は，解答用紙の裏面にある英作文解答欄に書きなさい。なお，<u>解答欄の外に書かれたものは採点されません。</u>

●解答が**TOPIC**に示された問いの答えになっていない場合や，**TOPIC**からずれていると判断された場合は，<u>0点と採点されることがあります。</u>**TOPIC**の内容をよく読んでから答えてください。

TOPIC

Today, some kindergartens have started teaching English to children. Do you think it is a good idea to teach English to children in kindergartens?

POINTS
● *Career*
● *Japanese language*
● *Effectiveness*

Day 1
Day 2
Day 3
Day 4
Day 5
Day 6
Day 7

Day 3

リスニングテストの攻略法は？

合格を目指すには，筆記試験だけでなく，
リスニングテストでもしっかりとスコアを上げることが大切です。
形式を理解し，適切な解答手順を身につけて，
リスニングテストを攻略しましょう！

1 第1部・第2部に共通の対策

▶「選択肢の先読み → 内容を予測しながら聞く」ことがポイント

　質問が最後に読まれるので，放送文がどのような話で，聞き取りのポイントがどこかは選択肢から推測するしかありません。まず選択肢を見て，内容を予測しながら放送を聞き，素早く解答して次の問題の選択肢に目をやるというリズムを作りながら問題に取り組みましょう。答えを選ぶのにまごついて次の問題の選択肢に目を通せないと，話の主旨をつかむのに手間取り，どの情報が重要なのかもわからなくなってしまいます。また，キーワードと思われる語は適宜メモを取るようにしましょう。

▶ 選択肢の読み取り方は？

　まず4つの選択肢の中で繰り返し使用されている単語があればそれがキーワードであり，話題の中心，正解の鍵になるということが予測できます。また，各選択肢に出てくる単語の関連性からも，話題が予想できます。例えば，study, exam, libraryなどの語があれば「試験勉強」が話題で，第1部であれば学生同士の会話ではないかという推測が可能となります。主語がHeやSheでそろっていれば，それぞれ男性，女性に関する情報に注意します。itまたはthey, themが複数使われていれば，それが何を指すのかもポイントです。もし選択肢に否定的な内容のものが並んでいれば，質問がWhat is A's problem?である可能性が高いです。

▶ 冒頭の発言に集中しよう

　放送文の冒頭からは話者同士の関係（第1部），話題，状況などがかなり把握できるので，しっかり聞き取りましょう。また，正解に直接関連する情報がここで提供されることも多くあります。前の問題の解答を考えすぎて，十分集中していない状態で次の放送文が始まってしまうということのないよう，注意しましょう。

▶ 放送文のパターンを知っておこう

　頻出のパターンを覚えておけば，早めに放送文の流れをつかむことが可能になります。具体的なパターンは，次ページ以降の第1部・第2部それぞれの攻略法を参照してください。

▶ 必要なのは「読解力」

　英検2級では，正解の鍵となる語と発音が似ているが全く関係のない語（例えば，"cars"に対し"cards"）を選択肢に使うといった「音による引っ掛け」はありません。会話文・英文で

使われた表現を使った引っ掛けが用いられ，あくまで内容が正確に聞き取れているかが問われます。その点では筆記試験の読解問題と同じと言えるでしょう。語彙・文法力の増強，そして特に短時間で文章の主旨や流れを把握する練習など，読解の練習は間接的に，しかし大いに，リスニング力の向上に影響を与えるのです。

▶「直線的な理解」が必要

しかしながら，リスニングは読解と異なり，自分でスピードを調節したり，よくわからなかったところを戻って確認したりすることができません。日本語の語順に合わせた，いわゆる「戻り訳」をしている暇はなく，言葉が聞こえた順番に「直線的に」理解していかなければならないのです。英語を訳さずに理解する「直解力」，考え込まずに（たとえ100％でなくても）理解できる「速解力」の養成が大切です。

▶ リスニング，リピーティング，シャドーイングで聴解力アップを

まず本番同様に聞いてみる。それから放送文のスクリプトを見ながらもう一度聞く。そして英文をじっくり読み，わからないところは詳しく調べて，再度聞いてみましょう。また，発音に慣れたり，学習した項目を強化したりするためには，音読がお勧めです。文ごとにリピートして，放送音声と同じように発音を真似してみましょう。これがうまくできるようになったら，次は音声を流しっぱなしにして，そのスピードに合わせて一緒に読んでみましょう。それがスムーズにできるようになったら，今度はスクリプトを見ないで音声の後を追うように発音してみましょう（シャドーイング）。

Day 1
Day 2
Day 3
Day 4
Day 5
Day 6
Day 7

2 第1部・会話の内容一致選択問題の攻略法

▶ 会話文の頻出パターンは？

いろいろな内容の会話が出題されますが，頻出パターンは次の通りです。

1) **勧誘・依頼**：「勧誘・依頼をする」→「理由をつけて断る」→「代案を出す」→「結論」が基本パターンです。最初に断った理由，最終的にどうすることにしたのかがポイントです。

2) **個人への電話**：電話での「勧誘・依頼」が多いですが，冒頭で誰かを呼び出し，それに対して出ることができないと言われるパターンもあります。その場合，出られない理由は何か，かけた人は代わりにどうするかがポイントです。

3) **店・医院などと客との会話**：電話と直接対話のケースがあります。電話の場合はHello, ABC Dental Clinic.などと施設名を名乗り，直接対話の場合はMay I help you?などの表現で相手の用件を尋ねます。これに対して客が言う用件が最大のポイントです。最終的にどうすることになったのかにも注意しましょう。

▶ 集中する合図となる表現

これから重要な情報が話されることの予告になる表現があるので，そうした表現が聞こえたら集中してその情報を聞き取りましょう。

1) **決まり文句**：May I help you? / How can I help you?など，店員・係員が用件を尋ねる表現，Is *A* there? / Can I speak to *A*?など電話で人を呼び出してもらう表現などが聞こえたら，それに対する相手の返答に集中しましょう。

2) **理由を尋ねる質問**：質問が聞こえたら，相手がどう答えるかは常に注意すべきですが，特にWhy ...? / How come ...? / What ... for?など理由を尋ねる質問に対する答えは，直接正解に関連することが多いので，集中して聞き取りましょう。

▶ 会話表現を覚えよう

第1部の会話には独特の表現パターンがあります。これを知っていると,「相手に依頼している」「何かに誘っている」といったことが即座にわかりますが,知らないと戸惑ってしまいます。Day 5の「会話表現をマスターしよう！」(p.68〜69) を利用して,これらのパターンを覚えておきましょう。

▶ 音声変化に慣れよう

会話では特に,単語の発音が弱音化したり,脱落したり,前後の語とつながって変化したりするなど,辞書に載っている発音から「崩れる」ことが多くあります。これに慣れるには,聞くだけではなく,その発音を真似して音読してみるのが効果的です。

3 第2部・文の内容一致選択問題の攻略法

▶ 英文の頻出パターンは？

およそ次の3つのカテゴリーに分類されます。

1) **アナウンス**：店内放送や校内放送,イベントでのプログラムの案内や講演者の紹介,ツアー前の案内,ラジオ広告や番組案内などが該当します。まず,どこで行われている,誰に対する,何についてのアナウンスなのかを特定しましょう。また複数の情報が話されることが多いので,時間・場所と事柄を混同しないように整理しながら聞き取りましょう。

2) **個人に関する話**：起承転結の展開をすることが多いです。話の流れをしっかりと理解しましょう。

3) **社会的・科学的な主題**：筆記試験大問2,3の長文の小型版だと考えてよいでしょう。

▶ 集中する合図となる表現

1) **決まり文句**：Attention, please. / Welcome to ... / Thank you for coming to ... などの表現が聞こえたら,次に重要な情報が話される可能性が高いです。

2) **逆接の表現**：but, however などの逆接の表現が聞こえたら,そこから話の流れが変わるので注意します。また,こうした発言から始まる文の内容が直接正解に関連する確率も高いです。

3) **時間を表す表現**：What did *A* do last week?のように,時間を指定して質問されるパターンが多いので,放送文中に時間表現が聞こえたら集中しましょう。また,例えばlast week, this week, next weekのように複数の時間表現と,それぞれの時に起こったことが話されることも多いので,混同しないように聞き取りましょう。

リスニングテスト

試験時間 リスニング約**25**分

2級リスニングテストについて

❶このリスニングテストには，第1部と第2部があります。
★英文はすべて一度しか読まれません。
第1部：対話を聞き，その質問に対して最も適切なものを**1**, **2**, **3**, **4**の中から一つ選びなさい。
第2部：英文を聞き，その質問に対して最も適切なものを**1**, **2**, **3**, **4**の中から一つ選びなさい。
❷*No. 30* のあと，10秒すると試験終了の合図がありますので，筆記用具を置いてください。

第*1*部　◀)) 033～048

No. 1	**1** Ask Anna to call them.
	2 Tell Anna when the movie starts.
	3 Wait for five more minutes.
	4 Go and watch the movie.

No. 2	**1** She couldn't find the swimming pool.
	2 She had no time to go shopping.
	3 She lost her wallet.
	4 She couldn't enjoy any outdoor activities.

No. 3	**1** He stayed out late.
	2 He kept playing soccer after nine o'clock.
	3 He left his homework at school.
	4 He forgot to make dinner.

No. 4	**1** Wash the dishes.
	2 Clean their bedroom.
	3 Cook a meal.
	4 Set the table.

Day 1
Day 2
Day 3
Day 4
Day 5
Day 6
Day 7

No. 5
1 She got some advice from her colleague.
2 She spent a lot of time preparing.
3 She knows a lot about making presentations.
4 She invited Linda to the presentation.

No. 6
1 She is the man's mother.
2 She lives far away from her parents.
3 She makes less money than the man.
4 She plans to go abroad during the holidays.

No. 7
1 Taking a long vacation.
2 Working for her uncle.
3 Enjoying outdoor activities.
4 Starting a new business.

No. 8
1 He was studying for the science quiz.
2 He woke up 20 minutes late.
3 He went back home to get his bag.
4 He was searching for his book.

No. 9
1 She was late for work.
2 She took a bus later than usual.
3 She usually goes to work with Larry.
4 She missed a chance to see Larry.

No. 10
1 In the sales department.
2 In a department store.
3 In the marketing department.
4 In a different company.

No. 11
1 It was on sale.
2 The red dress was sold out.
3 He wanted to choose a safe option.
4 It was cheaper than the pink one.

No. 12   **1** She does not want to go to the party.
        2 She forgot her umbrella.
        3 She left Jake at the station.
        4 She has to pick up her mother.

No. 13   **1** She became a taxi driver this year.
        2 She doesn't like Tokyo.
        3 She lived in Sapporo before.
        4 She moved to Tokyo three years ago.

No. 14   **1** By using a coupon.
        2 By ordering two products.
        3 By mentioning his friend.
        4 By buying a newspaper.

No. 15   **1** The information desk.
        2 A place to leave her bags.
        3 The train on track 5.
        4 Her baggage.

Day 1
Day 2
Day 3
Day 4
Day 5
Day 6
Day 7

No. 16
1 She was asked to meet Sandy's clients.
2 She had some unexpected work.
3 Sandy had to take a client to lunch.
4 Sandy's boss wanted to come along.

No. 17
1 By borrowing it from his friend.
2 By buying it when it is available.
3 By making a reservation.
4 By waiting for it to be delivered.

No. 18
1 Her friend had a big family.
2 She got used to the culture quickly.
3 Restaurants had menus for elderly people.
4 There was a different custom for eating.

No. 19
1 It is not acceptable in some places.
2 It is popular with tourists.
3 It is grown all over the world.
4 It is known for its sour flavor.

No. 20
1 By making a ball out of sand.
2 By cutting and smoothing rocks.
3 By polishing rocks in a river.
4 By rolling rocks along the ground.

No. 21
1 He couldn't reserve a hotel.
2 He broke his leg.
3 His son had an accident.
4 He was busy at work.

No. 22
1 Great paintings by Prince Albert.
2 The way clothes have changed.
3 Different styles of music video.
4 Famous books about Victorian art.

No. 23	**1** Tell a store clerk about the boy.
	2 Pay for the jacket and pants.
	3 Go to the service desk.
	4 Visit the kids' park.

No. 24	**1** He couldn't speak Japanese.
	2 He got lost while sightseeing.
	3 He lost one of his belongings.
	4 He couldn't meet his friend.

No. 25	**1** Study at a high school overseas.
	2 Stay with American families.
	3 Serve Japanese food at a party.
	4 Teach their host families Japanese cooking.

No. 26	**1** Go to Stratford.
	2 Have lunch at a pub.
	3 Tour around Oxford.
	4 Walk along a river.

No. 27	**1** Free tickets for some movies.
	2 Some information about upcoming movies.
	3 Some refreshments for the show.
	4 Free flyers from past showings.

No. 28	**1** They will open a Japanese restaurant.
	2 They are waiting to go to China.
	3 They cannot afford to continue their trip.
	4 They don't want to go to Australia.

No. 29	**1** Become a literature professor.
	2 Study law in college.
	3 Learn a number of foreign languages.
	4 Teach English at a high school.

No. 30	**1** Country scenes.
	2 Industrial landscapes.
	3 Portraits of people.
	4 Famous houses.

重要文法をマスターしよう！

長文読解のためだけではなく，英作文問題においても，
2級レベルの文法を使いこなす力が求められます。
しっかりマスターして得点につなげましょう。

1 比較表現

　比較級を用いた慣用表現（原級比較を含む）には，見た目だけでなく，意味の上でも混乱しやすいものが多いので，しっかりと使い分けを覚えておくようにしましょう。

▶ **as ～ as any (other) ...「（ほかの）どの…にも劣らず～」**
Kyoko studied as hard as any (other) student.
「キョウコは（ほかの）どの生徒にも負けないくらい一生懸命に勉強した」

▶ **not so much *A* as *B*「AというよりはむしろB」（＝*B* rather than *A*）**
Mr. Yamada is not so much a singer as an actor.
「ヤマダさんは歌手というよりはむしろ役者だ」
＝Mr. Yamada is an actor rather than a singer.

▶ **may [might] as well *A* as *B*「BするくらいならAした方がましだ」**
You may [might] as well throw your money away as spend it on such a thing.
「そんなことにお金を使うくらいなら捨てた方がましだよ」

▶ ***A* ... less ～ than *B*「AはBほど～でない」（＝*A* ... not as ～ as *B*）**
This computer is less expensive than that one.
「このコンピューターはあのコンピューターほど高価ではない」
＝This computer is not as expensive as that one.

▶ **no more than ～「たった～しか」（＝only）**
Makoto had no more than three hundred yen at that time.
「マコトはそのときたった300円しか持っていなかった」

▶ **not more than ～「多くても，せいぜい～」（＝at most）**
Makoto had not more than three hundred yen at that time.
「マコトはそのときせいぜい300円しか持っていなかった」

▶ no less than 〜「〜も多くの」（＝as much as 〜）

Miki has no less than fifty thousand yen.
「ミキは5万円ものお金を持っている」

▶ not less than 〜「少なくとも〜」（＝at least 〜）

Miki has not less than fifty thousand yen.
「ミキは少なくとも5万円は持っている」

▶ *A* ... no more 〜 than *B*「Bが〜でないのと同様にAも〜でない」

A whale is no more a fish than a horse is.
「馬が魚でないのと同様にクジラも魚ではない」

▶ *A* ... no less 〜 than *B*「Bが〜であるのと同様にAも〜である」

A whale is no less a mammal than a horse is.
「馬が哺乳類であるのと同様にクジラも哺乳類である」

▶ (and) what is worse [more]「さらに悪いことには［その上，さらには］」

It is very cold, and what is worse, it is raining.
「とても寒くて，さらに悪いことに，雨が降っている」

▶ all the＋比較級＋for 〜「〜のためにそれだけ一層…」

I like Yoko all the better for her honesty.
「私はヨウコが誠実であるが故に一層彼女が好きだ」
＝I like Yoko all the better because she is honest.

▶ the＋比較級〜, the＋比較級…「〜すればするほど，ますます…する」

The earlier you go to bed, the better you will feel.
「寝るのが早ければ早いほど，気分は良くなるだろう」

2 関係詞

　関係詞には，代名詞と接続詞の働きをする関係代名詞と，副詞と接続詞の働きをする関係副詞があり，先行詞の種類によって以下のように使い分けます。

関係代名詞

先行詞	主格	所有格	目的格
人	who	whose	who (m)
物・動物	which	whose	which
人・物・動物	that	—	that
先行詞を含む	what	—	what

関係副詞

先行詞の意味	関係副詞
時（the timeなど）	when
場所（the placeなど）	where
理由（the reason）	why
方法（the way）※	how

※the way how という表現はなく，the way か how のどちらかを使う

Day 1
Day 2
Day 3
Day 4
Day 5
Day 6
Day 7

関係代名詞・関係副詞それぞれに，先行詞を限定的に説明する制限用法と，先行詞を補足的に説明する非制限［継続］用法があり，非制限用法ではカンマ「,」をつける点に注意が必要です。わかりにくい場合は関係詞節の前後で区切り，2つの文に分けて考えるようにしましょう。そのほか，前置詞＋関係代名詞なども，確認しておくようにしましょう。

▶ 関係代名詞の制限用法

Greenwich Village in New York is a place which attracts young people because of its atmosphere and history.
「ニューヨークのグリニッジビレッジはその雰囲気と歴史で若者を魅了する場所だ」

▶ 関係代名詞の非制限用法

He told his mother that he had cleaned the room, which was a lie.
「彼は母親に部屋は掃除したと言ったが，それはうそであった」
（※非制限用法のwhichはカンマ以前の節全体またはその一部を先行詞とすることができます）

▶ 前置詞＋関係代名詞

A large proportion of what the Japanese eat every day is imported from other countries.
「日本人が毎日食べているものの大部分はほかの国から輸入されたものである」

3 仮定法

▶ 仮定法過去

　現在の事実に反する仮定，これから起こる可能性がない（極端に低い）仮定を表します。〈If＋S＋動詞の過去形，S＋助動詞の過去形［would / could / might / should］＋動詞の原形〉の形となります。

If I had a lot of money, I would buy a new car.
「もしたくさんお金があれば，新しい車を買うのですが」
What would you do if you saw a ghost?
「もし幽霊を見たらどうしますか」

▶ 仮定法過去完了

　過去の事実に反する仮定です。〈If＋S＋動詞の過去完了形，S＋助動詞の過去形［would / could / might / should］＋have＋過去分詞〉の形をとります。

If you had eaten your breakfast this morning, you wouldn't have needed to waste time buying something on the way to work.
「今朝，朝食を食べていれば，会社に行く途中，何か買うために時間を無駄に使う必要などなかったのに」

　仮定法過去・仮定法過去完了ともに，ifの省略による倒置表現になる場合があります。

Had Tom started playing tennis earlier, he could have become a professional athlete.
「もっと早くからテニスを始めていれば，トムはプロの選手になれていただろうに」

また，if節と主節で表す時が異なる場合があります。

If I had gone to the doctor earlier, I might be fine now.
「もっと早く医者に行っていれば，今ごろ元気になっていたかもしれないのに」

if節を使わず別の表現で仮定条件を表したり，文脈から仮定条件を推測させたりすることもあります。

Without your help, the party wouldn't have been so successful.
「あなたの協力がなければ，パーティーはこれほど成功しなかったでしょう」

"I had a fight with my girlfriend but I want to make up with her."
—"Well, I would buy her a small present and invite her out for a date."
「彼女とけんかしたけれど，仲直りしたいんだ」
「そうだな，僕ならちょっとしたプレゼントを彼女に買ってあげて，デートに誘うかな」

4 分詞構文

　分詞構文は，副詞節の中の接続詞と主語を省略したもので，「時，理由，条件，譲歩，付帯状況」などの意味を表します。「受動態の分詞構文〈being＋過去分詞〉のbeingが省略されたもの」や「分詞構文の主語と主節の主語が異なっている独立分詞構文」など，分詞構文を用いたさまざまな文を読み，その表す意味に慣れておきましょう。

▶ 付帯状況を表す分詞構文
The leaves of the maple trees in this area have turned completely red, offering a beautiful sight.
「このあたりのカエデの木の葉が完全に紅葉し，美しい景色になっている」

▶ 理由を表す分詞構文：受動態でbeingを省略
Tired after the long trip, he fell asleep as soon as he got into bed.
「長旅で疲れていたので，彼はベッドに入ってすぐ眠りに落ちた」

▶ 意味上の主語が主節の主語と異なる独立分詞構文
Their homework finished, the children all went out to play in the park.
「宿題が終わったので，子どもたちはみんな公園に遊びに行った」

▶ 付帯状況を表す〈with＋名詞＋分詞〉の構文
With her ankle injured, Anne couldn't take part in Sunday's basketball game.
「足首を痛めていたので，アンは日曜日のバスケットボールの試合に出られなかった」

Day 1
Day 2
Day 3
Day 4
Day 5
Day 6
Day 7

5 第5文型

〈S＋V＋O＋C〉の第5文型では，OとCの間にOがCする／OがCしている／OがCされるのような主語・述語の関係が隠れています。Cには，名詞，形容詞のほかに不定詞や分詞などがきます。以下の使役動詞や知覚動詞の構文をしっかりと押さえておきましょう。

▶ 使役動詞 「Oに〜させる」

〈make［have / let］＋O＋原形不定詞〉は「Oに〜させる」の意味を表します。
get は，〈get＋O＋to不定詞〉とto不定詞をとるので注意しましょう。

The manager made the staff work overtime.
「マネージャーはスタッフに残業させた」
＝The manager got the staff to work overtime.

▶ get＋O＋現在分詞 「Oを〜している状態にする」

He got the engine running.
「彼はエンジンを始動させた」
（※engine が running しているという意味関係）

▶ make［have / get］＋O＋過去分詞 「Oが〜されるようにする，Oを〜してもらう」

With just an hour left, everyone worked hard to get the work done before the deadline.
「残り1時間となり，みんなは締め切りまでに仕事を終わらせようと一生懸命働いた」
（※work が done されるという意味関係）

▶ 知覚動詞

〈see［hear / feel］＋O＋原形不定詞〉「Oが〜するのを見る［聞く／感じる］」
〈see［hear / feel］＋O＋現在分詞〉「Oが〜しているのを見る［聞く／感じる］」
〈see［hear / feel］＋O＋過去分詞〉「Oが〜されるのを見る［聞く／感じる］」

Robert felt the ground shake beneath his feet.
「ロバートは足元の地面が揺れるのを感じた」

Kim saw Pamela swimming in the river.
「キムはパメラが川で泳いでいるところを見た」

I've heard the song played many times.
「私はその歌が演奏されるのを何度も聞いたことがある」

筆記試験

試験時間 **筆記85分**

1　次の *(1)* から *(17)* までの（　　　）に入れるのに最も適切なものを **1**, **2**, **3**, **4** の中から一つ選び，その番号を解答用紙の所定欄にマークしなさい。

(1)　**A:** Have you seen Dave and Lisa lately? It seems like they're spending a lot of time together.

    B: I heard a (　　　) that they are dating, but I don't know if it's true or not.

    1 proposal　　**2** forecast　　**3** rumor　　**4** thought

(2)　The recipe called for butter, but Lilly (　　　) low-fat margarine because she is going on a diet for a few weeks.

    1 abandoned　　**2** substituted　　**3** criticized　　**4** shifted

(3)　Bill's grandmother is a very (　　　) person. She always gives Bill and his brothers very expensive presents on their birthdays.

    1 curious　　**2** generous　　**3** eccentric　　**4** positive

(4)　**A:** How do you usually go to the station?

    B: I walk. There is no other means of (　　　) to get there.

    1 convenience　　**2** trade　　**3** benefit　　**4** transportation

(5)　**A:** Hi, Bob. Can you (　　　) a minute this afternoon? I'd like to have a word with you.

    B: Yes, of course.

    1 gain　　**2** lose　　**3** spare　　**4** consume

(6)　Roger's history teacher is really interesting but not very popular because he always (　　　) a lot of homework, especially over the weekends.

    1 expresses　　**2** defines　　**3** implies　　**4** assigns

(7) Naomi bought a DVD, but when she got home, she noticed that her husband had ( ) the same one. She's going to take it back to the store to exchange it for a different one.

1 relatively **2** unclearly **3** exactly **4** frequently

(8) Many people say that parts of California have an ideal ( ), neither too hot in the summer nor too cold in the winter.

1 outlook **2** climate **3** layout **4** horizon

(9) Since the cut was so deep, the patient was advised by his doctor to stay in the hospital until the cut was completely ( ).

1 healed **2** influenced **3** covered **4** suffered

(10) **A:** Mom, are you inviting Grandma and Grandpa to my high school graduation party?

B: Yes. I'm also inviting some other ( ). It'll be nice to have Uncle Pat and Aunt Sue, and your cousins over, too.

1 navigators **2** suspects **3** relatives **4** critics

(11) James was extremely tired from jet lag after flying from Sydney to New York, but he got ( ) it the following day. He rested well and felt great the next morning.

1 over **2** away **3** out **4** along

(12) The shareholders demanded the replacement of the president since his explanation ( ) how the company fell into financial difficulties was unsatisfactory.

1 in case **2** as to **3** for all **4** still more

(13) Although many fans are looking forward to reading her new book, the writer couldn't go through ( ) the work on account of ill health.

1 for **2** in **3** to **4** with

(14) It was ( ) to impossible to go out in the terrible weather, so we decided to kill time by watching TV.

1 free **2** far **3** next **4** similar

(15) David is still in his early teens, but he has already decided to (   ) in chemistry when he attends university.

1 major   **2** deal   **3** participate   **4** result

(16) *A:* We could take lunch boxes to the park or stop by a hamburger shop on the way. Which would you like?

B: I wouldn't mind either one. It's (   ) you.

1 up to   **2** down on   **3** due to   **4** out of

(17) Tim had been busy with work for the last two weeks and hadn't had time to see his parents. So, he decided to (   ) their house on the weekend.

1 fall on   **2** look over   **3** hold up   **4** drop by

Day 1

Day 2

Day 3

Day 4

Day 5

Day 6

Day 7

次の英文 $\boxed{A}$, $\boxed{B}$ を読み，その文意にそって *(18)* から *(23)* までの（　　　）に入れるのに最も適切なものを **1**, **2**, **3**, **4** の中から一つ選び，その番号を解答用紙の所定欄にマークしなさい。

Alexander Graham Bell

Alexander Graham Bell, who is known as an inventor of the first practical telephone, was born in Edinburgh, Scotland in 1847. Growing up as a young boy in Scotland, Bell showed a unique talent for music and invention. His father was a teacher of speech communication for people with hearing difficulties and his mother herself lost her hearing. This environment greatly influenced Bell's career. Eventually he made up his mind to (*18*) of his father.

Bell became a teacher himself, first of music, then of speech communication. (*19*), Bell pursued his other love, inventing, by experimenting with the mechanics of speech using both friends and his dog as subjects. In 1870, when he was 23 years old, Bell and his family sailed from Scotland to Canada to escape the epidemic diseases that had already killed Bell's two brothers. In the following year, Bell moved to the United States to teach at the school in Boston while his parents remained in Canada.

Bell continued to experiment with his interest, electricity. He dreamed of being able to transmit speech, so that people around the world could (*20*) the spoken word. After many experiments, Bell and his assistant, Tom Watson, were able to invent the telephone. In March 1876, they succeeded in talking to each other in separate rooms across a small hallway. Later that year, Bell made the first long-distance telephone call, over a distance of 6 kilometers. Thanks to his invention, it is easy for us to communicate and share information with people all over the world.

---

(18) **1** paint a portrait   **2** reveal the secrets
      3 follow the path   **4** overcome the disappointment

(19) **1** Unfortunately   **2** To make matters worse
      3 At the same time   **4** Because of this

(20) **1** travel overseas without   **2** be united through
      3 avoid communicating by   **4** prevent diseases in

2 B The Internet

Computers are everywhere now and most of the people cannot think of life without them in their daily lives. Perhaps one of the most significant things that computers have made possible is the Internet. Early on, the concept of the Internet was so strange that it took years before people accepted it as a marvelous invention. When people began asking each other, "Are you connected?" a lot of them did not understand the question. Now a person would have to (*21*) a completely remote area not to know what the question means.

There are a lot of things we can do on the Internet. People can study, shop, sell, play games, make friends, invest, find a job, make a reservation, and do research on the Internet. (*22*), it is difficult to think of something that cannot be done using the Internet. We have an unimaginable amount of information at our fingertips.

There are a few negatives related to this magnificent modern tool. One is the difficulty of learning how to search effectively. It can be extremely frustrating to do a search and be faced with thousands of sites, most of which have little or nothing to do with what a person is looking for. Another is unwanted advertisement. Many people must have the experience of getting annoyed with a lot of advertising banners flashing on the screen. However, these are small problems when we (*23*). Whatever our interests may be, we can find something to please us from the comfort of our homes.

Day 1
Day 2
Day 3
Day 4
Day 5
Day 6
Day 7

---

(21) **1** travel alone around **2** study hard about
　　　 3 be living in **4** get lost in

(22) **1** In fact **2** Like before
　　　 3 At first **4** By chance

(23) **1** correct the summary **2** describe this situation
　　　 3 change our living places **4** consider the advantages

3 **A** 次の英文 **A**, **B** の内容に関して, *(24)* から *(31)* までの質問に対して最も適切なもの, または文を完成させるのに最も適切なものを **1**, **2**, **3**, **4** の中から一つ選び, その番号を解答用紙の所定欄にマークしなさい。

From: Peter Smith <psmith@nilenorthwest.com>
To: Mary Waters <mwaters@nilenorthwest.com>
Date: April 3
Subject: Congratulations!

Dear Mary,

This is just a note to inform you that you have been chosen as our Employee of the Year. Congratulations! You will receive from the company a certificate, a holiday for two in Paris, and a bonus of $1,000. An official letter will be sent to you shortly, but in this e-mail, I wanted to tell you privately first and also to ask you a question.

This year, there were a number of strong candidates for the prize. As for choosing you as the Employee of the Year, we are taking many different factors into account. First, you have not missed a single day's work in ten years, which is very unusual. Second, you have consistently achieved the highest sales in your department. Finally and most of all, your colleagues all spoke very highly of your kind personality and helpful attitude to those around you.

There will be an official reception next month at which the president of the company will present you with your award. You can bring up to three guests, either family or friends, so could you give me their names beforehand? The party will be held at the Plaza Hotel on May 23. If this date is inconvenient for you, please let me know immediately.

Best regards,

Peter Smith

General Affairs Division

(24) Why is Peter Smith sending an e-mail to Mary?

1 To inform her of her winning a company award.

2 To tell her how to earn a bonus of $1,000.

3 To remind her to get an air ticket to Paris.

4 To ask her some questions about her previous vacation.

(25) What is one thing Mary's colleagues said?

1 She has worked in the company for ten years.

2 She achieved the highest sales among the candidates.

3 She is so friendly and helps her colleagues a lot.

4 She is very punctual and never late for work.

(26) At the reception,

1 Mary's family and friends may attend as guests.

2 one of Mary's clients will give her an award.

3 the company president will give a speech.

4 the Plaza Hotel will prepare a special cake for Mary.

Day 1
Day 2
Day 3
Day 4
Day 5
Day 6
Day 7

Paying College Athletes

In the United States, most athletes play for their colleges before going on to play professionally. One of the reasons is that some professional leagues require players to wait for a year after graduating from high school before they can join the league. This is meant to encourage athletes to train another year or more in college before becoming professionals. Some people think this is unfair to the players who are not allowed to make money in college. They are playing at a very high level and sometimes making a lot of money for their colleges.

Many people have suggested that college athletes should be paid. After all, playing sports is a kind of work and other students who work for their colleges are paid. A student working at a college library receives money while a basketball player does not. Also, athletes make money for their schools through ticket sales and television broadcasts, so they should get some of the money.

An argument against paying college athletes is that it would make sports more uncompetitive. If colleges can pay athletes, then the bigger schools will simply pay a lot for the best players. Smaller colleges will not have any chance to compete. However, the bigger schools already have advantages over their rivals. They can hire better coaches and spend money on better training equipment, which helps them recruit good players. They are still spending more money than smaller schools, but none of it goes to the players themselves.

There have been many compromises suggested for rewarding players without directly paying them. One system is to let players sign with a professional team beforehand and receive a signing bonus. In this case, college athletes can receive money before joining a professional team. Another system would be not to pay players directly, but still allow them to make money through commercials or merchandise. If a player is popular, he or she can make money by promoting shoes or signing autographs. The money players make would be based on how popular they are instead of how much the college is willing to pay. Despite the high number of suggestions being made, colleges have been reluctant to try any of them.

(27) Why do some American professional leagues encourage athletes to attend college?

1 To make sure that the athletes don't take the jobs of older players.

2 The law prevents them from hiring people under a certain age.

3 They want athletes to better develop their skills before joining a professional league.

4 They require athletes to get college degrees to work for them.

(28) Some people think college athletes should be paid because

1 players have to pay a higher school fee than regular students.

2 it would increase the number of skilled players who enter college.

3 it would encourage them to consider playing sports as a kind of job.

4 colleges already employ students to work for them in other fields.

(29) What is one argument against paying players in college?

1 It would make them spend less time studying and harm their learning.

2 Schools should not make any money through their sports programs.

3 It would make some schools far more competitive than other schools.

4 Players who are paid less would become jealous of those who make more than them.

(30) What is suggested about college athletes in United States?

1 If college athletes are injured, they should be paid by teams that planned to hire them.

2 College should allow their athletes to make money using their fame.

3 Sports leagues should pay the school fees of athletes they plan to hire.

4 Most college athletes should play for money in the summer when they are not at school.

(31) Which of the following statements is true?

1 The main obstacle to paying college athletes is that it is illegal for colleges to pay students.

2 Colleges currently attract athletes by spending on things like facilities for them to use.

3 Some colleges allow their athletes to earn money that they can receive only after graduation.

4 Most sports leagues require that athletes become famous before they can play professionally.

Day 1
Day 2
Day 3
Day 4
Day 5
Day 6
Day 7

4 ライティング （英文要約）

●以下の英文を読んで，その内容を英語で要約し，解答欄に記入しなさい。
●語数の目安は45語〜55語です。
●解答は，解答用紙の裏面にある英文要約解答欄に書きなさい。なお，解答欄の外に書かれたものは採点されません。
●解答が英文の要約になっていないと判断された場合は，0点と採点されることがあります。英文をよく読んでから答えてください。

　　When exercising, some people like to walk or run, while others may join a gym or take swimming lessons. There are other options, too. These days, cycling is a very popular way for people to exercise.

　　Why do people choose cycling? Cycling is an excellent way to keep fit because it is good for the health, and it does not cause too much stress on the knees and back. Cycling also does not produce CO_2 or cause traffic jams, so it is good for society when people use bicycles for commuting to work or going to school.

　　However, it might be difficult to ride a bicycle when it is raining heavily or snowing. Also, some places could be dangerous to ride, like narrow roads or roads with a lot of traffic. As a result, accidents involving cyclists may occur.

5　ライティング（英作文）

- 以下の**TOPIC**について，あなたの意見とその理由を2つ書きなさい。
- **POINTS**は理由を書く際の参考となる観点を示したものです。ただし，これら以外の観点から理由を書いてもかまいません。
- 語数の目安は80語〜100語です。
- 解答は，解答用紙の裏面にある英作文解答欄に書きなさい。なお，解答欄の外に書かれたものは採点されません。
- 解答が**TOPIC**に示された問いの答えになっていない場合や，**TOPIC**からずれていると判断された場合は，0点と採点されることがあります。**TOPIC**の内容をよく読んでから答えてください。

TOPIC
These days, some people spend a lot of money on their pets. Do you think more people will do so in the future?

POINTS
- *Health*
- *Pet service*
- *Cost*

Day 1
Day 2
Day 3
Day 4
Day 5
Day 6
Day 7

会話表現をマスターしよう！

リスニングテストの特に第1部では，
知っておくと状況を理解しやすくなる表現があります。
そんな重要会話表現をマスターして，
リスニングテストの総仕上げをしましょう！

1 基本会話表現

▶ 依頼・許可

☐ Would [Could] you do me a favor?「お願いがあるのですが」

☐ Could you please help me with my assignment?
「私の課題を手伝っていただけますか」

☐ I wonder if you could help me.「手伝っていただけないでしょうか」
（※I am wondering if ... / I wondered if ... / I was wondering if ...とも言い，過去形や
過去進行形を使うといっそう丁寧な表現になります）

☐ Would you mind taking off your hat?「帽子を取っていただけませんか」

☐ Would you mind if I opened the window?
（= Would you mind my opening the window?）— No. Of course not.
「窓を開けてもかまいませんか」「はい。もちろん，かまいません」

☐ I wonder if I could use your cell phone.
「携帯電話をお借りしてもよろしいでしょうか」

☐ Can I have a cup of tea with milk?「ミルクティーを1杯もらっていいですか」

▶ 勧誘・提案

☐ Would you like a cup of coffee? — Yes, please.
「コーヒーを1杯いかがですか」「はい，お願いします」

☐ Do you want to go to the movies with me today?
— I'd love to, but I have to see a doctor this afternoon.
「私と一緒に映画に行きませんか」
「そうしたいのですが，今日の午後は医者に行かなくてはなりません」

☐ How about going on a picnic next Sunday? — Why not?
「来週の日曜日にピクニックに行くのはどうですか」「それはいいですね」

☐ What do you say to dinner this Saturday?
（= What do you say to having dinner with me this Saturday?）
「今週の土曜日に夕食を一緒にしませんか」

☐ Why don't we eat out?「外に食事に行きませんか」

☐ Why don't you try again?「もう一度やってみたら？」

2 場面別会話表現

▶ 電話

□ Hello. This is Linda Gibbons speaking. 「もしもし。リンダ・ギボンズです」

□ May I speak to Mr. Brown, please?「ブラウンさんをお願いします」

□ I'm sorry, but Mr. Brown is out now.
「申し訳ございません，ブラウンはただ今外出しております」

□ May I take a message?「ご伝言をお預かりしましょうか」

□ Hello, Hilltop hotel. How can [may] I help you?
「もしもし，ヒルトップホテルです。ご用件をどうぞ」

□ I'd like to make a reservation for two on May 3, please.
「5月3日に2名で予約をしたいのですが」

▶ 道案内

□ Excuse me, but could you tell me the way to the station?
「すみませんが，駅に行く道を教えていただけますか」

□ Go down this street and turn right at the second corner.
「この通りを行って，2番目の角を右に曲がってください」

□ You can't miss it.「すぐにわかりますよ（見逃すはずはありません）」

□ Excuse me, please. Could you tell me how to get to the Guggenheim Museum?
「すみません。グッゲンハイム美術館までの行き方を教えていただけますか」

□ It's quite a distance.「かなり遠いですよ」

□ It would be more than a twenty-minute walk from here.
「ここから歩くと20分以上はかかるでしょう」

▶ 窓口・受付

□ I'd like to take an express train to Nagano on August 15.
「8月15日の長野までの特急列車に乗りたいのですが」

□ Could you tell me how much a ticket costs? ― It costs 10,000 yen each way.
「切符はいくらか教えていただけますか」「片道1万円になります」

□ I'd like to sign up for the yoga course.
「ヨガの講座に申し込みたいのですが」

□ Could you fill out this form, please?
「こちらの用紙に記入していただけますか」

Day
1

Day
2

Day
3

Day
4

Day
5

Day
6

Day
7

リスニングテスト

試験時間 リスニング約25分

2級リスニングテストについて

❶このリスニングテストには，第1部と第2部があります。

★英文はすべて一度しか読まれません。

第1部：対話を聞き，その質問に対して最も適切なものを **1**, **2**, **3**, **4** の中から一つ選びなさい。

第2部：英文を聞き，その質問に対して最も適切なものを **1**, **2**, **3**, **4** の中から一つ選びなさい。

❷*No. 30* のあと，10秒すると試験終了の合図がありますので，筆記用具を置いてください。

第*1*部   ◀)) 065〜080

No. 1　**1** Her train was delayed.
　　　　2 The weather was bad.
　　　　3 Her car broke down.
　　　　4 There was a traffic jam.

No. 2　**1** In a train.
　　　　2 On an airplane.
　　　　3 At a theater.
　　　　4 In a restaurant.

No. 3　**1** She lost her umbrella.
　　　　2 She is feeling sick.
　　　　3 Her train had stopped.
　　　　4 Her friend went home early.

No. 4　**1** The pay is very bad.
　　　　2 She does not have time to rest.
　　　　3 The work is very interesting.
　　　　4 She does not like her boss.

No. 5

1 She waited for ten minutes.
2 The man doesn't have nice clothes.
3 The man forgot his promise.
4 The meal is too expensive.

No. 6

1 She lives in Honolulu.
2 She will leave Hawaii tomorrow.
3 She will meet her friend tonight.
4 She knows Dr. Johnson's staff well.

No. 7

1 Pay for his purchase in cash.
2 Buy one item with the gift card.
3 Go to a nearby bank.
4 Call the store manager.

No. 8

1 He is busy at home.
2 He promised to go to a rugby game.
3 He was not asked to go.
4 He was too shy to invite her.

No. 9

1 Change an appointment with a clinic.
2 Start a meeting without him.
3 Announce a schedule change.
4 Send an email to a doctor.

No. 10

1 He wants one with a better design.
2 He does not like the color.
3 It does not fit him properly.
4 It does not go well with his jacket.

No. 11

1 She has never heard of Marvelous Bookstore.
2 She works at the Forum Trade Center.
3 He should buy a guide book.
4 He has the wrong information.

Day 1
Day 2
Day 3
Day 4
Day 5
Day 6
Day 7

No. 12	**1** A room with an ocean view.
	2 A deluxe twin room.
	3 A suite.
	4 A garden view room.

No. 13	**1** He coached her soccer team.
	2 He called her school.
	3 He took her to the doctor.
	4 He gave her some medicine.

No. 14	**1** A hobby they both have.
	2 A package they plan to mail.
	3 A shopping trip they went on.
	4 A collection of train tickets.

No. 15	**1** Pick up her clothes.
	2 Buy a chocolate cake.
	3 Go to the store.
	4 Do his homework.

No. 16　　**1** To enter a school competition.
　　　　　　2 To take a first aid and lifesaving course.
　　　　　　3 To practice for a national competition.
　　　　　　4 To live near the water as a lifeguard.

No. 17　　**1** They have special bargains next week.
　　　　　　2 A discount is offered at a French restaurant.
　　　　　　3 50% off coupons are provided at the market.
　　　　　　4 Many products are cheaper this weekend.

No. 18　　**1** A global war broke out.
　　　　　　2 They had budget problems.
　　　　　　3 The founder didn't like the plan.
　　　　　　4 It was still unknown to movie fans.

No. 19　　**1** Open the Lindbrooke History Museum.
　　　　　　2 Introduce a special speaker.
　　　　　　3 Start a new life in Lindbrooke.
　　　　　　4 Talk about life in Lindbrooke.

No. 20　　**1** Preparing for his classes.
　　　　　　2 Finding a place to live.
　　　　　　3 Cooking for himself.
　　　　　　4 Making new friends.

No. 21　　**1** The island of Malta was very small.
　　　　　　2 Each village had its own festival.
　　　　　　3 Many stores closed during the afternoon.
　　　　　　4 It was very hot in Malta in the summer.

No. 22　　**1** There are many ways to travel.
　　　　　　2 Greenhouse gases are near zero.
　　　　　　3 Few people use public transportation.
　　　　　　4 The city has many unusual parks.

Day 1
Day 2
Day 3
Day 4
Day 5
Day 6
Day 7

No. 23	**1** By studying new techniques.
	2 By changing universities.
	3 By passing a test.
	4 By attending a class.

No. 24	**1** She grew it longer after graduation.
	2 She used it to help other people.
	3 She used it for styling practice.
	4 She dyed it a new color.

No. 25	**1** Buy a clock as a souvenir.
	2 Try on traditional Swiss shoes.
	3 Bring a ticket to a restaurant.
	4 Be quiet at the museum.

No. 26	**1** She sells comic books online.
	2 She organizes web chats.
	3 She writes the script.
	4 She illustrates the pages.

No. 27	**1** A request for information about lost pets.
	2 A charity for missing children.
	3 A man who found ten thousand dollars.
	4 An interview with a famous actor.

No. 28	**1** It changed signals often.
	2 It provided Wi-Fi service.
	3 It created fake messages.
	4 It broadcasted her voice.

No. 29	**1** He had trouble finding parking for work.
	2 He lived too far away from work.
	3 He couldn't walk for a long time.
	4 He didn't know about his neighborhood.

No. 30	**1** They are the tallest type of volcano.
	2 They produce very steep slopes.
	3 They are found mostly on islands.
	4 They get wider over a long time.

Day
1

Day
2

Day
3

Day
4

Day
5

Day
6

Day
7

英作文問題の攻略法は？

英作文には，要約問題と意見論述問題が出題されます。
まずはそれぞれの問題形式を確認し，
解答作成の手順やポイントを把握しましょう。
本書の問題と解答例を参考に重要表現も押さえましょう。

【要約問題】

1 問題文をしっかり読み解こう

▶ 段落構成を理解しよう

　与えられた英文を読んで，指定の語数を目安に，その要約を英語でまとめます。問題文は基本的に3つの段落から成り立っています。第1段落ではトピックの提示がなされ，続く第2段落と第3段落でトピックに関するいくつかの側面について言及されます。Day1の筆記試験に記載されている問題（p.22）を例に見てみましょう。

　　第1段落：大学ではオンライン授業を利用できる
　　第2段落：オンライン授業は，①対面以外にさまざまなアクセスが可能，②交通費が不要
　　第3段落：オンライン授業で学生は，①孤独を感じる，②人間関係構築に難を生じやすい

　段落がどのように展開しているかイメージがつかめましたか。第1段落とその後の展開からトピック（テーマ）を把握することと，第2，第3段落の内容を丁寧に読み取ることが大切です。

▶ つなぎ言葉（接続表現）に注目しよう

　それぞれの段落を読み解く際にはつなぎ言葉に注目します。つなぎ言葉は英文を論理的に構築するのに大きな役割を果たします。言い換えれば，つなぎ言葉の働きに注目すれば，文章の構造（つながり）を捉えることができます。「付加」で話題をさらに展開しているのか，「逆接・対比」で話題を異なるものに切り換えているのか，「例示」で具体例を挙げているのか，等々です。これらを踏まえることによって，段落間や文章間のつながりが明快になり，迅速に内容を理解することができます。

　さらに，詳細は後で述べますが，問題文中で使われているつなぎ言葉は要約文作成の際に大きなヒントとなることも押さえておきましょう。

2 要約文を作成する際のポイント

▶ 指示された条件を確認しよう

　要約問題では，150語前後の英文を約1/3程度（45語〜55語）にまとめます。できるだけ目安の語数に収まるように書くことを目指しましょう。そして，最後の見直しで語数確認を忘れ

ないようにしましょう。

▶ 文章全体のメッセージや各段落の要旨を過不足なく含めよう

　要約文では，文章全体のメッセージと各段落の要旨をきちんと押さえられているかどうかが採点の観点の1つです。重要な情報をしっかり見極め，そうでないものは要約文から省きます。要旨を含めるといっても，問題文で使われている表現を単純に切り貼りするだけでは含めるべき内容が論理的につながらず，指定の目安の語数にも収まらないかもしれません。文章全体のメッセージ・要旨を押さえた上で，自分の言葉で言い換えて表現することが肝心です。

▶ つなぎ言葉を用いて論理的に書こう

　内容が論理的に展開されているかどうかも採点の観点の1つです。文章を論理的に構築するには，つなぎ言葉を正しく使うことが重要です。その際，問題文で使用されているつなぎ言葉がヒントとなります。同じ意味を表すつなぎ言葉を使用するなどして，問題文の論理展開に即した内容で文章を構築しましょう。

　重要なつなぎ言葉の例：

□ 例示：For example「例えば」/ For instance「例えば」

□ 付加：Also「また」/ Besides「さらに」/ Furthermore「さらに」/
　　　　 Moreover「その上」/ In addition「加えて」/ Additionally「加えて」

□ 逆接・対比：However「しかしながら」/ Nevertheless「それにもかかわらず」/
　　　　 In contrast「対照的に」/ On the other hand「他方で」

□ 因果関係：Therefore「従って」/ As a result「結果として」

▶ 表現を言い換えよう

　文章全体のメッセージと各段落の要旨を50語前後でまとめるためには，

・具体的な内容を抽象化した表現で言い換える

・文（主語＋述語）で書かれている内容を句に書き換える

・分詞構文で表現する

などの方法を使って，問題文の内容を「趣旨を変えず」に縮小化する必要があります。適切な語彙・文法の選択ができるよう，単語・熟語・文法のマスターは不可欠です。

3 実戦的攻略法

▶ 15分の時間配分は？

　要約問題の解答時間の目安は，「問題文の読解」＋「要約文作成」＋「見直し」で15分です。本書の練習問題は，15分以内で解けるように時間を計って取り組んでみましょう。具体的な時間配分の目安は以下の通りです。

(1) **問題文の読解**（約4分）

　つなぎ言葉や構文に注意しながら，文章全体のメッセージと各段落の要旨を捉える。

　つなぎ言葉や要旨に関するキーワードに線を引きながら論理展開もあわせて確認しましょう。その際，要約文で押さえるべきポイントを日本語で簡単にメモしておくと，要約文を書く際に迷わずに済みます。

(2) **要約文作成**（約8分）

　(1)のメモなどを参考にして，要約文を作成する。

(3) **見直し**（約3分）

Day 1
Day 2
Day 3
Day 4
Day 5
Day 6
Day 7

ケアレスミスがないかの最終チェックや語数確認を行う。

次の6つの項目を参考にしましょう。

▶ ひと通り書き終わったら?

見直しの際には,主に以下の6点を確認しましょう。

- □ 全体のメッセージ・各段落の要旨が述べられているか。
- □ 明確な論理展開になっているか。
- □ 文の構造や語句の言い換えなどに工夫があるか。
- □ 適切な語句や文法,コロケーション(語句の結びつき)が使えているか。
- □ スペリングやパンクチュエーション(コンマやピリオド)は適切か。
- □ 語数は45語〜55語になっているか。

【意見論述問題】

0 さまざまな分野に興味を持つようにしよう

▶ 自分の意見を裏付ける理由「なぜ」を考える習慣を持とう

意見論述問題では,意見→理由→まとめという型が決まっています。日ごろからさまざまな分野に興味を持って自分の意見を幅広く持つとともに,「なぜ」そう考えるのか,その理由づけも意識するようにしましょう。賛成・反対,それぞれの立場から考える習慣をつけておくと,試験の際に役立ちます。

1 問題形式を確認しよう

▶ まずTOPICを適切に把握しよう

与えられたTOPIC「トピック」について,あなたの意見とその理由を2つ書きます。「理由を2つ書く」ことが指示されていますので,解答には必ず2つの理由を含めるようにしましょう。

また,TOPICを適切に理解することが非常に重要です。例えば,「大学生は留学するべきだと思うか」というTOPICだと,解答では中高生の留学や一般的な留学の話ではなく,大学生の留学に焦点を絞って答えるようにしましょう。TOPICからずれている内容を書いた場合には,0点になることもあるので注意しましょう。

▶ POINTSの活用方法は?

TOPICの後に,理由を書く際の参考となる観点として,3つのPOINTSが示されています。これらのPOINTSはYesの立場で使えるものもあれば,Noの立場で使えるものもあります。必ずしも使用する必要はありませんが,文章を書く上で最大限に活用しましょう。また,示された語句をそのまま使う必要もありません。品詞を変えたり類似語を使用したりすることも可能です。

POINTSの活用例:

- □ Communication(名詞)→ communicate(動詞)
- □ Future(名詞)→ will(未来を表す助動詞)

▶ 語数は？

語数の目安は80語〜100語と指示されています。本書の練習問題を解く際に，付属の解答用紙を利用して，文字の大きさやどのくらいの長さで何語になるかの目処を立てておきましょう。本番では，解答をひと通り書き終えたら語数をカウントし，できるだけ80語〜100語以内で収めるようにしましょう。ただし，語数を調整することで英文が成り立たなくなったり不自然になったりするようなら無理に調整せず，より正確な内容を書くことを優先させましょう。

2 文章の構成を確認しよう

▶ 「序論」→「本論」→「結論」の形式

文章は，「序論（Introduction）」で始め，「本論（Body）」で理由を2つ述べ，最後に「結論（Conclusion）」で締めます。英作文においては段落を分ける場合もありますが，2級の意見論述問題では，改行せずに段落は1つで書きましょう。

序論 TOPICについてYesまたはNoの立場を明らかにする

⇒簡潔な1文で，できるだけTOPICの英文を言い換えて書きます。2級の問題はDo you think ...?やDo you agree ...?という問いかけですので，YesまたはNoの立場で意見を述べることになります。

本論 理由を2つ述べる

⇒なぜYes/Noなのかの理由・根拠を2つ述べます。80語〜100語という語数指定から，それぞれの理由を1〜2文で書くことをお勧めします。「理由を2つ述べること」という指示はありますが，There are two reasons for this.「これに対して2つの理由があります」などの前置きは基本的には省略し，詳細情報に語数を充てるようにしましょう。

結論 主張を再び明らかにする

⇒最後に，TOPICについてYesまたはNoの立場を再度明らかにします。序論と同様，簡潔な1文で，できるだけTOPIC（および序論）の英文を言い換えて書くようにしましょう。

3 実戦的攻略法

▶ 20分の時間配分は？

意見論述問題の解答時間の目安は，「準備」＋「英文作成」＋「見直し」で20分です。本書の練習問題は，20分以内で解けるように時間を計って取り組んでみましょう。具体的な時間配分の目安は以下の通りです。

（1）**準備**（約5分）

TOPICの内容を把握し，Yes/Noの立場を決める。→使えそうなPOINTSがあるかどうかを考えながら，「本論」で書く理由・根拠を，メモを取りながら2つ考える。

（2）**英文作成**（約10分）

（1）のメモを参考にして，「序論」「本論」「結論」の順に作成する。

「序論」と「結論」ではTOPICの表現を言い換えることがポイントですが，あまり時間がない場合はそのままの表現を書き，本論の内容を充実させることを優先させましょう。

（3）**見直し**（約5分）

ケアレスミスがないかの最終チェックや語数確認を行う。

Day 1
Day 2
Day 3
Day 4
Day 5
Day 6
Day 7

次の7つの項目を参考にしましょう。

▶ ひと通り書き終わったら？

見直しの際には，主に以下の7点を確認しましょう。

☐ TOPIC に沿った内容になっているか。
☐「序論」と「結論」があるか。
☐ 理由・根拠は2つ書けているか。
☐ 文章に一貫性があり，明確な論理展開になっているか。
☐ 適切な語句や文法，コロケーション（語句の結びつき）が使えているか。
☐ スペリングやパンクチュエーション（コンマやピリオド）は適切か。
☐ 語数は80語〜100語になっているか。

4 重要表現を覚えよう

▶「序論」

主張の書き出し例：

☐ I (do not) think (that) ... / I (do not) believe (that) ...「私は…（ではない）と思います」
☐ It is a good idea that ...「…はよい考えです」
☐ It is good for ... to 〜「…にとって〜することは良いことです」

▶「本論」

2つの理由の列挙の例：

☐ First, ..., Second [Also], ...「第1に…，第2に［また］…」
☐ For one reason ..., For another reason, ...「理由の1つとして…，ほかの理由として…」
☐ One reason is that ..., Another reason is that ...
　　「理由の1つは…だ，ほかの理由は…だ」
☐ The first reason is that ..., The second reason is that ...
　　「1つ目の理由は…だ，2つ目の理由は…だ」

▶「結論」

結論の書き出し例：

☐ In conclusion「結論として」
☐ For these reasons「これらの理由から」
☐ These reasons make me think that ...「これらの理由から…だと思う」

上記のほか，【要約問題】で取り上げたつなぎ言葉をもう一度確認しましょう。

筆記試験&リスニングテスト

1 次の(1)から(17)までの（　　　）に入れるのに最も適切なものを**1**，**2**，**3**，**4**の中から一つ選び，その番号を解答用紙の所定欄にマークしなさい。

(1) At first, Jenny was angry with her boyfriend David for being late, but he looked so sorry that she (　　　) him.

1 prevented　　**2** replaced　　**3** forgave　　**4** inspired

(2) **A:** I really (　　　) Bob. Don't you?

B: Of course, I do. He's not only a good boss, but he's a wonderful father to his children as well.

1 reject　　**2** expect　　**3** admire　　**4** consider

(3) We'll never forget the Gardners' kindness. While we were in London, we often received warm (　　　) from the family.

1 hostility　　**2** hospitality　　**3** facility　　**4** sincerity

(4) Samantha has to take two different buses to work because she cannot (　　　) to buy a car with her small salary.

1 afford　　**2** allow　　**3** count　　**4** regard

(5) Many of the students did not realize that their teacher was a world-famous (　　　) on dolphins whose advice was often asked by governments around the world.

1 champion　　**2** expert　　**3** professional　　**4** pilot

(6) **A:** Did you know that this place was (　　　) called Fujimi-mura?

B: Yes. I heard they changed the name when it was combined with the other villages in the area and became one big city.

1 previously　　**2** accidentally　　**3** consciously　　**4** leisurely

Day 1
Day 2
Day 3
Day 4
Day 5
Day 6
Day 7

(7) Kim's piano teacher has little (   ) about Kim's ability as a pianist, but he's not sure she has the motivation to become a professional pianist.

1 doubt   **2** excuse   **3** argument   **4** concern

(8) When the concert finished, the whole (   ) stood up and cheered until the performers came back and sang another song.

1 program   **2** costume   **3** audience   **4** element

(9) ***A:*** What's the matter with Dan? He looks depressed.

B: He made a joke about Vivian's hair. But she thought it was (   ) and got really angry with him.

1 insulting   **2** humorous   **3** educational   **4** reasonable

(10) Based on the last few years' figures, the police department (   ) that the number of car accidents will probably increase by about 5% this year.

1 describes   **2** estimates   **3** arrests   **4** witnesses

(11) ***A:*** Tommy, what do the letters U.N. on that truck mean?

B: It (   ) the United Nations.

1 accounts for   **2** cares for   **3** makes for   **4** stands for

(12) Jon is a good worker and is always (   ) for appointments. He has never been late or missed a meeting.

1 on time   **2** in demand   **3** under pressure **4** at rest

(13) While living in Beijing on business, Ken took (   ) of the opportunity to study Chinese with a local teacher on the weekends.

1 preference   **2** interest   **3** reputation   **4** advantage

(14) People living in that city are afraid that the smoke from the newly built factory will (   ) about environmental pollution.

1 go   **2** bring   **3** come   **4** take

(15) The boys who were sitting on the park bench made (   ) for the old woman so that she could sit down, too.

1 benefit   **2** place   **3** view   **4** room

(16) Mr. Thompson had worked as the director of human resources for five years before he became company president. He (   ) his experience to improve workplace efficiency and successfully expanded his business.

1 made use of   **2** took care of

3 paid attention to   **4** took notice of

(17) *A:* What does this word mean, Dad?

     B: Don't be lazy, George. You should always look (   ) words you don't know in a dictionary.

1 up   **2** out   **3** in   **4** under

Day 1

Day 2

Day 3

Day 4

Day 5

Day 6

Day 7

次の英文 A , B を読み，その文意にそって (18) から (23) までの（　　）に入れるのに最も適切なものを 1 , 2 , 3 , 4 の中から一つ選び，その番号を解答用紙の所定欄にマークしなさい。

Monitoring Pills

One of the most effective ways of looking into someone's health is to see what is going on in their stomach and other internal organs. By looking into what bacteria and chemicals are inside someone, you can make conclusions about how healthy someone is. Unfortunately, taking samples from inside someone's stomach may require complex procedures by doctors. Even if (　*18*　), it usually is not worth visiting hospitals regularly to have them do so.

To address this, some companies are developing small pills that can be swallowed. The pill does not contain any medicine but instead has a small device inside that can send the information wirelessly to a computer or a smartphone by radio waves. There are also small pockets in the pill filled with special bacteria. When these bacteria sense specific conditions in the body, they turn on the device. Information is then (　*19*　) that interprets the information. This can be used by doctors to determine the health of a patient.

Another use of this technology is to check if a patient has taken medicine. Sometimes doctors cannot be sure if patients are taking the medicine they gave to them. The patients might simply forget or just do not want to take their medicine. The pill can be set up to detect if a patient has taken his or her medicine or not. It alerts the doctor if the patient has skipped a pill for that day. (　*20*　), if the patient does not get better, doctors know it is happening because he or she did not take the medicine as instructed.

---

(18)　**1** nothing has been eaten　　**2** the information is useful
　　　3 people never know the way　　**4** doctors are not busy

(19)　**1** gathered by the pill　　**2** treated by a doctor
　　　3 used for energy　　**4** sent to a program

(20)　**1** In this way　　**2** For once
　　　3 Traditionally　　**4** Otherwise

2 B Lonesome George

"Lonesome George" was the name of the world's rarest living animal, a giant tortoise found in 1971 on an island near South America. He was the last living member of his particular group of tortoises. Scientists searched for female tortoises with the closest genes to George's so that he can pass on his genes by having children. These attempts (*21*). When he died in June 2012, this group became extinct.

Lonesome George had lived in one of the Galápagos Islands, a group of islands about 800 miles off the coast of Ecuador. For a long time, each island in the group had no contact with any of the others. (*22*), the animals on each island developed independently. The islands are famous because Charles Darwin visited them in 1835 and by studying the animals there, he got the idea for his theory of evolution. Like the other animals, the tortoises on each island gradually developed their own special characteristics. It is said that the shell of each group has a unique shape.

Unfortunately, since Darwin's time, the islands have been (*23*) human activity. Fishermen hunted the tortoises for food and introduced other animals, such as goats, to the islands. These animals ate the plants the tortoises depended on. Three of the original fifteen different groups of tortoises including George's have already died out. However, unexpected good news was reported. A Fernandina giant tortoise, whose group was believed to have been extinct for more than 100 years, was found in February 2019. This discovery raises hopes for many scientists.

Day 1
Day 2
Day 3
Day 4
Day 5
Day 6
Day 7

(21)	**1** has been continued	**2** created a different species	
	3 ended in failure	**4** has proved effectual	
(22)	**1** As a result	**2** Similarly	
	3 By then	**4** In particular	
(23)	**1** fully protected from	**2** shrunk due to	
	3 less associated with	**4** greatly damaged by	

次の英文 **A**, **B** の内容に関して，*(24)* から *(31)* までの質問に対して最も適切なもの，または文を完成させるのに最も適切なものを **1**, **2**, **3**, **4** の中から一つ選び，その番号を解答用紙の所定欄にマークしなさい。

From: David Jones <djones@spotmail.com>
To: Joan Smith <joansmith@spotmail.com>
Date: March 5
Subject: Private and confidential

Director Smith,

Thank you for offering me the opportunity of transferring to China to become the head of a new Shanghai office. I discussed the matter with my family last night and their reaction was very positive. Actually, my wife studied Chinese at university, so she was very excited at the idea of moving to the country. My two sons were naturally worried about leaving their friends, but they were also happy to have the chance to live abroad.

For me, I am even more interested in the job itself. I have been looking for a chance to take on more responsibility and this job seems perfect for that. Also, I want to develop better ways of providing advertising that work in different cultures. If I go, I would miss all my colleagues here, but I feel that it is time for me to take on a new challenge.

Lastly, I have a few questions. I understand that my salary would increase, but would the rent for housing in Shanghai be paid by the company? In addition, would the company cover the children's school fees and also airfare for holidays back home? Although I am very enthusiastic about moving to China, I am sure that you understand that there are many practical issues that I must also consider.

Best regards,
David

(24) What is David's family excited about?
1 Learning a new language from a family member.
2 The possibility of a long holiday in China.
3 Having a family discussion about his new business.
4 The chance to live in a foreign country.

(25) Why is David interested in the new job?
1 He was looking for a chance to learn Chinese.
2 He wants more responsibility for doing his job.
3 He needs a change from advertising to sales.
4 He would like to work with different colleagues.

(26) One thing that David is concerned about is
1 who will pay for his children's school fees.
2 where he will be sent and live in China.
3 when the new job in Shanghai will start.
4 whether or not he can take his family.

Day 1
Day 2
Day 3
Day 4
Day 5
Day 6
Day 7

The Black Ball Line

Boats have been used for thousands of years, carrying everything and everyone, ranging from letters and goods to military soldiers and immigrants. However, in Europe, long ago people could not simply buy a ticket to travel comfortably by boat. For a long time, people traveling by boat would have to ride on a cargo boat with packages and other shipped goods. Moreover, they had to wait for the boats to become full before they could depart. Sometimes it took days or weeks. This difficulty made the idea of crossing the ocean very discouraging.

This changed in 1818 when Jeremiah Thompson and other investors opened the Black Ball Line, the first regular passenger ship service between New York and Liverpool. Thompson already owned a business that transported textiles across the Atlantic from the United States to England. He decided to use his shipping knowledge to create a service that took only passengers. He also decided to have the ships leave on scheduled dates. It meant that they would depart no matter if they were full or not. Thompson felt people would be willing to pay to ride a ship if they knew exactly when it would leave.

The idea had never been tried before, and many thought it wouldn't work. However, the Black Ball Line was an instant success. Soon it was sending two ships per month in each direction. The boats were well known and preferred for their fast trips. For the first ten years, it took 23 days on average to travel from New York to Liverpool, but it took the Black Ball Line around 15 to 16 days at the fastest. No matter how bad the weather was, the ships departed as scheduled.

Other companies soon followed the Black Ball Line's example. One such company was the Collins Line. They focused a great deal on luxury, offering more comfortable rooms, better food, and more entertainment. They also started the trend of using boats with wider, flat bottoms since they could fit more people. This competition made companies build larger and more comfortable boats until planes finally became the more popular method for crossing the ocean. However, people can still trace the cruise ships of today back to the original passenger ships of the Black Ball Line.

(27) One of the early ways people traveled by boat was to
1 get on a boat that carried a lot of shipped goods.
2 ride on a military boat that was transporting soldiers.
3 use government boats designed for moving immigrants.
4 buy a ticket on a ship that carried mail overseas.

(28) Jeremiah Thompson was
1 the first business leader to transport textiles across the Atlantic Ocean.
2 the owner of a shipyard where he built the largest ships of that time.
3 well known as a captain who got his ships to their destination on schedule.
4 a good fit for starting a passenger service because he had experience running a shipping service.

(29) What did the Black Ball Line do to provide a satisfying service?
1 They made the travel time as short as around 15 days from the U.S. to England.
2 They sailed ships with wide bodies that were not affected by large waves.
3 They sent two ships together at once so that they could carry a lot of passengers.
4 They traveled only when the weather was good for their passengers' safety.

(30) What did the competitor of the Black Ball Line do to attract passengers?
1 They increased their boats' speed by using more sails.
2 They offered more activities and more types of recreation on the journey.
3 They made taller boats so that people could stand up straighter.
4 They charged less per person when people traveled with their family.

(31) Which of the following statements is true?
1 Passenger shipping lines were always looking for ways to lessen the trip cost.
2 Ships used to leave based on the amount of goods they were carrying instead of a scheduled date.
3 Planes did not become popular for a long time because boats were considered safer.
4 Passenger ships were the first boats to use steam power to move faster.

Day 1
Day 2
Day 3
Day 4
Day 5
Day 6
Day 7

●以下の英文を読んで，その内容を英語で要約し，解答欄に記入しなさい。
●語数の目安は45語〜55語です。
●解答は，解答用紙の裏面にある英文要約解答欄に書きなさい。なお，解答欄の外に書かれたものは採点されません。
●解答が英文の要約になっていないと判断された場合は，0点と採点されることがあります。英文をよく読んでから答えてください。

When people look for ways to reduce their electricity bills, some people use special energy-saving light bulbs, while others only use washing machines during the night when electricity is cheaper. There are other options, too. Some people decide to install solar panels on their houses.

Solar panels help people to produce their own electricity. Because of this, people might be able to considerably reduce their electricity bills. Furthermore, using solar panels helps to limit the use of non-renewable energy sources like oil and gas, so they are much better for the planet.

However, solar panels can be very expensive to buy and install, so only a few people can afford to purchase them. Additionally, they rely on sunlight to produce power. As a result, they might not produce enough when the sun does not shine a lot, such as during long periods of cloudy or rainy weather.

5 ライティング（英作文）

●以下の **TOPIC** について，あなたの意見とその理由を2つ書きなさい。
●**POINTS** は理由を書く際の参考となる観点を示したものです。ただし，これら以外の観点から理由を書いてもかまいません。
●語数の目安は80語〜100語です。
●解答は，解答用紙の裏面にある英作文解答欄に書きなさい。なお，解答欄の外に書かれたものは採点されません。
●解答が **TOPIC** に示された問いの答えになっていない場合や，**TOPIC** からずれていると判断された場合は，0点と採点されることがあります。**TOPIC** の内容をよく読んでから答えてください。

TOPIC

In some Japanese university programs, students must study abroad for one year. Do you think the number of such programs will increase in the future?

POINTS
● *Cost*
● *Work*
● *Communication*

Day 1
Day 2
Day 3
Day 4
Day 5
Day 6
Day 7

Listening Test

第1部 🔊**097～112**

No. 1
1 To his bedroom.
2 To his mother's bedroom.
3 To the bathroom.
4 To the garage.

No. 2
1 His interviewee is not in town.
2 He does not have his phone.
3 His teacher is too busy to help him.
4 He has not prepared his questions.

No. 3
1 Get in line immediately.
2 Go to another restaurant.
3 Write his name on a list.
4 Call to make a reservation.

No. 4
1 Go to a specific entrance.
2 Use the highway.
3 Pick her up at her house.
4 Play some music during the ride.

No. 5
1 Who the man is currently dating.
2 Where the man gets his hair cut.
3 What salon the woman goes to.
4 How often the woman visits a salon.

No. 6	**1**	Visit a doctor.
	2	Check their weight.
	3	Buy an exercise machine.
	4	Start exercising.
No. 7	**1**	Walking over to David's house.
	2	Studying at the school library.
	3	Playing tennis with some friends.
	4	Visiting his uncle in London.
No. 8	**1**	He went to a movie recently.
	2	He works in the marketing department.
	3	He doesn't like surfing.
	4	He lives near the sea.
No. 9	**1**	Cook more warm meals.
	2	Switch gas companies.
	3	Put on different clothes.
	4	Call about their heating bill.
No. 10	**1**	She has been to the museum before.
	2	She doesn't own a smartphone.
	3	She wants to return her audio guide.
	4	She does not have any money on her.
No. 11	**1**	A new business has opened.
	2	The street has been under construction.
	3	There are holiday travelers in town.
	4	Traffic jams have been occurring.
No. 12	**1**	To request that he pick her up.
	2	To ask him to take Alice to her piano lesson.
	3	To tell him to clean the table.
	4	To let him know what she forgot to do.

Day 1
Day 2
Day 3
Day 4
Day 5
Day 6
Day 7

No. 13	**1** Clothing for snowboarding.
	2 The latest computer model.
	3 Tools for maintenance.
	4 A new skateboard.

No. 14	**1** Go down a mountain.
	2 Swim in a river.
	3 Have lunch.
	4 Climb up a mountain.

No. 15	**1** He can't interrupt a meeting.
	2 He forgot where he put it.
	3 He left it at home.
	4 He has to meet his client for lunch.

No. 16
1 Drive to school.
2 Eat a regular meal.
3 Walk to their school.
4 Talk on the phone more.

No. 17
1 Check their height.
2 Fasten their seat belts.
3 Take off their hats.
4 Put on their 3D glasses.

No. 18
1 He made a special trash bag.
2 He gave a speech every Sunday.
3 He asked his friend to help him.
4 He cooperated with other people.

No. 19
1 Cassava is given to newborn twins.
2 Twin births are very common.
3 The birth rate is very high.
4 Having boys is considered lucky.

No. 20
1 She went sightseeing instead.
2 Her meetings lasted too long.
3 She got sick.
4 She was too tired.

No. 21
1 The temperature of the sea.
2 The speed in which they fall.
3 The level of humidity.
4 The quality of water.

No. 22
1 Growing some vegetables.
2 Leaving it alone.
3 Using only part of it.
4 Planting roses.

Day 1
Day 2
Day 3
Day 4
Day 5
Day 6
Day 7

No. 23	**1** The next day.
	2 Later that evening.
	3 The day after tomorrow.
	4 It will be canceled.

No. 24	**1** By cleaning his pet in the morning.
	2 By watching his dog during his vacation.
	3 By walking his dog during the day.
	4 By buying dog food for him.

No. 25	**1** The females lay beautiful eggs.
	2 The males make nests to find partners.
	3 They change homes often.
	4 They live in the sand of a river.

No. 26	**1** He purchased unnecessary things.
	2 He often forgot his grocery list.
	3 He went to the grocery store too often.
	4 He had poor handwriting.

No. 27	**1** People got married on the ship.
	2 People invited a newborn baby.
	3 The ship was named after an old boat.
	4 It resembled another ceremony.

No. 28	**1** Her brother's house was too small.
	2 It was convenient for sightseeing.
	3 The hotel rooms were fully booked.
	4 There was a free parking spot.

No. 29	**1** Call the support staff back.
	2 Find information about the computer.
	3 Schedule a meeting with the repair staff.
	4 Visit the online store.

No. 30	**1** He was worried about her going by herself.
	2 He couldn't afford her trip.
	3 He didn't like the homestay program.
	4 He didn't know much about Australia.

Day
1

Day
2

Day
3

Day
4

Day
5

Day
6

Day
7

Day 7

2級の面接（スピーキングテスト）はどんなテスト？

英検の面接試験は，流れに一定のパターンがあります。
それを知り，事前に自分なりのイメージ作りができていれば，
本番の面接も余裕をもって臨むことができるでしょう。
質問の形式もほぼ決まっていますので，対策は十分にできます。

0 面接試験のイメージ作り

▶ 面接のシミュレーションをしよう

2級の面接ではまず，パッセージの音読が課されます。続いて，パッセージについての問題が1題出題されます。その後，イラストのストーリーを説明するように求められ，最後に，自分の意見などを述べる問題が2題出題されます。面接の場で慌てないためには，試験の流れを把握し，面接試験のイメージをつかむことが非常に重要です。

1 パッセージ黙読時の攻略法

▶ 未知の単語を把握しよう

パッセージの中で，自分の知らない単語に出くわす可能性もあります。20秒間の黙読の時間で，そうした単語がないかどうか，確認するようにしましょう。もし見つけた場合には，その後の音読に備えて，読み方を予測しておく必要があります。音読時に詰まってしまって，無言の時間が生じることは，評価の上で大きなマイナス要因になるからです。

▶ あらすじを理解しよう

タイトルも大きなヒントになりますが，パッセージの内容（あらすじ）を理解するようにしましょう。短い文章の中にも因果関係などが隠れています。In this wayやBy doing soなどの表現にも要注意です。thisやsoが何の行為や動作を指しているのか，しっかりと考えておくようにしましょう。このような言い換えの箇所が質問No. 1で問われることが多いからです。

2 パッセージ音読時の攻略法

▶ 音読時は意味のまとまりを意識しよう

音読をする際には，アクセントやイントネーションを意識することも大切ですが，意識しすぎて単語が途切れ途切れでは，聞き取りにくくなってしまい，評価が下がってしまいます。逆に，ただ速く読めば良いと言うものでもありません。意味のまとまりごとにフレーズで区切って，明瞭に音読するように心がけましょう。また，知らない単語があっても，焦らずにつづりから発音を予測して自信を持って読むようにしましょう。

音読の際のもう1つのポイントとして，語尾の発音があります。名詞の複数形や3単現のsなどは，大げさに音読する必要はありませんが，無視して良いものでもありません。音読の際には「きちんと認識しています」という姿勢を示す意味でも，単語の語尾をはっきりと読むようにしましょう。面接委員はこうした点をきちんと評価します。

3 質問No. 1の攻略法

▶ 質問に出てくる疑問詞と動詞を聞き逃さない

No. 1はwhyまたはhowで聞かれることが多い質問です。パッセージの英文をそのまま抜き出して答えられるような問題ではないので，まずは疑問詞と動詞を押さえて該当箇所を把握し，その前後から因果関係や方法・手段をまとめることが必要です。特に該当箇所の英文にthisやsoのような指示語が含まれることが多いので，解答の際には慌てずに前後に見られる具体的表現に置き換える必要があります。whyに対してはBecause 〜，howに対してはBy *doing*などの表現を用いて，質問に適した形で答えるようにしましょう。

4 質問No. 2の攻略法

▶ ストーリー説明のパターンを知ろう

No. 2では，3コマのイラストをそれぞれ2文程度で説明します。与えられた英文から始め，過去形や過去進行形で説明する点がポイントです。そして，吹き出しでセリフや心理描写が与えられている場合には，それらを必ず含めるようにします。また，次のコマに移る際には，矢印に書いてある時間の経過や場所を表す語句をそのまま読み上げ，それからコマの説明に移るようにしましょう。心理描写という意味では，イラスト中の登場人物の表情なども大きなヒントになります。吹き出しがない場合は，こうした観点から説明を加えるようにしましょう。大切なことは，決して多くのことを説明する必要はなく，イラスト中にある英文はそのまま使って構わないということです。

5 質問No. 3 & 4のポイント

▶ 何よりも，明快に意思表示をすることが大切

No. 3では，「あなたはどう思いますか」のような形で，あなた自身の考えや立場を問う問題が出題されます。まずは自分の立場を明確にした上で，それに続けてなぜそう考えるのかといった理由を説明するようにしましょう。単に「賛成」「反対」を述べるだけでは不十分です。

一方，No. 4ではYes/No Questionの形で出題されます。こちらは，まず質問に対してYes/Noの形で答えましょう。いきなり具体的な意見を解答する人もいますが，正しい手順としては，Yes/Noの意思表示した後で，それを受けて面接委員が続けてWhy?またはWhy not?と質問をしてきますので，それに答える形で具体的な意見や判断の根拠を続けるようにしましょう。

No. 3とNo. 4はカードを見ないで質問に答えるため，落ち着いて自分の知っている単語や表現を用いて答えることが大切です。まずは自分の立場や意見を示し，その後に根拠を続けることがポイントになります。

Day 1
Day 2
Day 3
Day 4
Day 5
Day 6
Day 7

面接（スピーキングテスト）

試験時間　面接約 **7** 分

スピーキングテスト
対策はこちら ▶▶▶

🔊 **129～133**

問題カードＡ

Music Education

Music instruction has been a part of public education for a long time. However, sometimes schools do not have enough resources to teach it. Some educators claim that students' general performance is improved by having music programs. Music programs also give students who love music a reason to look forward to school, and in this way they help increase students' attendance.

Your story should begin with this sentence: **One day, Naoki and his father were enjoying a classical music concert.**

Questions

No. 1　According to the passage, how do music programs help increase students' attendance?

No. 2　Now, please look at the picture and describe the situation. You have 20 seconds to prepare. Your story should begin with the sentence on the card.
<20 seconds>
Please begin.

Now, Mr. / Ms. ——, please turn over the card and put it down.

No. 3　Some people say that music programs are just as important as any other subject at school. What do you think about that?

No. 4　Today, more people buy music digitally instead of CDs. Do you think people will still buy music CDs in the future?
Yes. → Why?
No. → Why not?

Day 1
Day 2
Day 3
Day 4
Day 5
Day 6
Day 7

問題カードB

Bike Lanes

Nowadays, an increasing number of cities have bike lanes. However, sometimes these bike lanes are not safe enough. Cars sometimes cross over the lines and cause an accident. Some cities want to prevent this from happening, so they are building walls and other barriers around the bike lanes. It can leave less room for cars, but it is much safer for cyclists.

Your story should begin with this sentence: **One day, Mr. And Mrs. Ikeda were caught in a traffic jam.**

Questions

No. 1   According to the passage, why do some cities build walls and other barriers around bike lanes?

No. 2   Now, please look at the picture and describe the situation. You have 20 seconds to prepare. Your story should begin with the sentence on the card.
<20 seconds>
Please begin.

Now, Mr. / Ms. ——, please turn over the card and put it down.

No. 3   Some people say that a license should be required to ride a bicycle. What do you think about that?

No. 4   These days, electric cars are becoming popular. Do you think more people will buy electric cars in the future?
Yes. → Why?
No. → Why not?

Day 1
Day 2
Day 3
Day 4
Day 5
Day 6
Day 7

Day 1 解答用紙（2級）

筆記解答欄

問題番号	1 2 3 4
(1)	① ② ③ ④
(2)	① ② ③ ④
(3)	① ② ③ ④
(4)	① ② ③ ④
(5)	① ② ③ ④
(6)	① ② ③ ④
(7)	① ② ③ ④
(8)	① ② ③ ④
(9)	① ② ③ ④
(10)	① ② ③ ④
(11)	① ② ③ ④
(12)	① ② ③ ④
(13)	① ② ③ ④
(14)	① ② ③ ④
(15)	① ② ③ ④
(16)	① ② ③ ④
(17)	① ② ③ ④

（1の範囲）

筆記解答欄

問題番号	1 2 3 4
(18)	① ② ③ ④
(19)	① ② ③ ④
(20)	① ② ③ ④
(21)	① ② ③ ④
(22)	① ② ③ ④
(23)	① ② ③ ④
(24)	① ② ③ ④
(25)	① ② ③ ④
(26)	① ② ③ ④
(27)	① ② ③ ④
(28)	① ② ③ ④
(29)	① ② ③ ④
(30)	① ② ③ ④
(31)	① ② ③ ④

（2は(18)〜(23)、3は(24)〜(31)）

リスニング解答欄

問題番号	1 2 3 4
No.1	① ② ③ ④
No.2	① ② ③ ④
No.3	① ② ③ ④
No.4	① ② ③ ④
No.5	① ② ③ ④
No.6	① ② ③ ④
No.7	① ② ③ ④
No.8	① ② ③ ④
No.9	① ② ③ ④
No.10	① ② ③ ④
No.11	① ② ③ ④
No.12	① ② ③ ④
No.13	① ② ③ ④
No.14	① ② ③ ④
No.15	① ② ③ ④
No.16	① ② ③ ④
No.17	① ② ③ ④
No.18	① ② ③ ④
No.19	① ② ③ ④
No.20	① ② ③ ④
No.21	① ② ③ ④
No.22	① ② ③ ④
No.23	① ② ③ ④
No.24	① ② ③ ④
No.25	① ② ③ ④
No.26	① ② ③ ④
No.27	① ② ③ ④
No.28	① ② ③ ④
No.29	① ② ③ ④
No.30	① ② ③ ④

（No.1〜No.15 第1部、No.16〜No.30 第2部）

※ 4 と 5 の解答欄は裏面にあります。

切り取り線

5 英作文解答欄

語数の目安は 80 ～ 100 語です。

5

10

15

---

4 英文要約解答欄

語数の目安は 45 ～ 55 語です。

5

10

15

切り取り線

注意事項

①解答には HB の黒鉛筆（シャープペンシルも可）を使用し、解答を訂正する場合には消しゴムで完全に消してください。

②解答用紙は絶対に汚したり折り曲げたり、所定以外のところへの記入はしないでください。

③マーク例

良い例	悪い例
●	◖ ⊗ ◓

 これ以下の濃さのマークは読めません。

筆記解答欄

問題番号	1 2 3 4
1	(1) ① ② ③ ④
	(2) ① ② ③ ④
	(3) ① ② ③ ④
	(4) ① ② ③ ④
	(5) ① ② ③ ④
	(6) ① ② ③ ④
	(7) ① ② ③ ④
	(8) ① ② ③ ④
	(9) ① ② ③ ④
	(10) ① ② ③ ④
	(11) ① ② ③ ④
	(12) ① ② ③ ④
	(13) ① ② ③ ④
	(14) ① ② ③ ④
	(15) ① ② ③ ④
	(16) ① ② ③ ④
	(17) ① ② ③ ④

筆記解答欄

問題番号	1 2 3 4
2	(18) ① ② ③ ④
	(19) ① ② ③ ④
	(20) ① ② ③ ④
	(21) ① ② ③ ④
	(22) ① ② ③ ④
	(23) ① ② ③ ④
3	(24) ① ② ③ ④
	(25) ① ② ③ ④
	(26) ① ② ③ ④
	(27) ① ② ③ ④
	(28) ① ② ③ ④
	(29) ① ② ③ ④
	(30) ① ② ③ ④
	(31) ① ② ③ ④

リスニング解答欄

問題番号	1 2 3 4
第1部 No.1	① ② ③ ④
No.2	① ② ③ ④
No.3	① ② ③ ④
No.4	① ② ③ ④
No.5	① ② ③ ④
No.6	① ② ③ ④
No.7	① ② ③ ④
No.8	① ② ③ ④
No.9	① ② ③ ④
No.10	① ② ③ ④
No.11	① ② ③ ④
No.12	① ② ③ ④
No.13	① ② ③ ④
No.14	① ② ③ ④
No.15	① ② ③ ④
第2部 No.16	① ② ③ ④
No.17	① ② ③ ④
No.18	① ② ③ ④
No.19	① ② ③ ④
No.20	① ② ③ ④
No.21	① ② ③ ④
No.22	① ② ③ ④
No.23	① ② ③ ④
No.24	① ② ③ ④
No.25	① ② ③ ④
No.26	① ② ③ ④
No.27	① ② ③ ④
No.28	① ② ③ ④
No.29	① ② ③ ④
No.30	① ② ③ ④

※ 4 と 5 の解答欄は裏面にあります。

裏面記入上の注意

・太枠に囲まれた部分のみが採点の対象です。

・指示事項を守り、文字は、はっきりと分かりやすく、濃く、書いてください。

・数字の 1 と小文字の l（エル）、数字の 2 と Z（ゼット）など似ている文字は、判別できるよう書いてください。

・消しゴムで消す場合は、消しくず、消し残しがないようしっかりと消してください。

・解答が英語以外の言語を用いている、質問と関係がない、テストの趣旨に反すると判断された場合、0 点と採点される可能性があります。

切り取り線

5 英作文解答欄

語数の目安は 80 ～ 100 語です。

5

10

15

4 英文要約解答欄

語数の目安は 45 ～ 55 語です。

5

10

15

Day 3 解答用紙（2級）

注意事項

①解答には HB の黒鉛筆（シャープペンシルも可）を使用し、解答を訂正する場合には消しゴムで完全に消してください。

②解答用紙は絶対に汚したり折り曲げたり、所定以外のところへの記入はしないでください。

③マーク例

良い例	悪い例
●	◔ ⊗ ◓

◖ これ以下の濃さのマークは読めません。

筆記解答欄

問題番号	1	2	3	4
(1)	①	②	③	④
(2)	①	②	③	④
(3)	①	②	③	④
(4)	①	②	③	④
(5)	①	②	③	④
(6)	①	②	③	④
(7)	①	②	③	④
(8)	①	②	③	④
(9)	①	②	③	④
(10)	①	②	③	④
(11)	①	②	③	④
(12)	①	②	③	④
(13)	①	②	③	④
(14)	①	②	③	④
(15)	①	②	③	④
(16)	①	②	③	④
(17)	①	②	③	④

（問題番号 1）

筆記解答欄

問題番号	1	2	3	4
(18)	①	②	③	④
(19)	①	②	③	④
(20)	①	②	③	④
(21)	①	②	③	④
(22)	①	②	③	④
(23)	①	②	③	④
(24)	①	②	③	④
(25)	①	②	③	④
(26)	①	②	③	④
(27)	①	②	③	④
(28)	①	②	③	④
(29)	①	②	③	④
(30)	①	②	③	④
(31)	①	②	③	④

（問題番号 2・3）

リスニング解答欄

問題番号	1	2	3	4
No.1	①	②	③	④
No.2	①	②	③	④
No.3	①	②	③	④
No.4	①	②	③	④
No.5	①	②	③	④
No.6	①	②	③	④
No.7	①	②	③	④
No.8	①	②	③	④
No.9	①	②	③	④
No.10	①	②	③	④
No.11	①	②	③	④
No.12	①	②	③	④
No.13	①	②	③	④
No.14	①	②	③	④
No.15	①	②	③	④
No.16	①	②	③	④
No.17	①	②	③	④
No.18	①	②	③	④
No.19	①	②	③	④
No.20	①	②	③	④
No.21	①	②	③	④
No.22	①	②	③	④
No.23	①	②	③	④
No.24	①	②	③	④
No.25	①	②	③	④
No.26	①	②	③	④
No.27	①	②	③	④
No.28	①	②	③	④
No.29	①	②	③	④
No.30	①	②	③	④

（第1部：No.1〜No.15、第2部：No.16〜No.30）

Day 4 解答用紙（2級）

筆記解答欄

問題番号	1 2 3 4
(1)	① ② ③ ④
(2)	① ② ③ ④
(3)	① ② ③ ④
(4)	① ② ③ ④
(5)	① ② ③ ④
(6)	① ② ③ ④
(7)	① ② ③ ④
(8)	① ② ③ ④
(9)	① ② ③ ④
(10)	① ② ③ ④
(11)	① ② ③ ④
(12)	① ② ③ ④
(13)	① ② ③ ④
(14)	① ② ③ ④
(15)	① ② ③ ④
(16)	① ② ③ ④
(17)	① ② ③ ④

（上記の問題番号は大問 **1**）

筆記解答欄

問題番号	1 2 3 4
(18)	① ② ③ ④
(19)	① ② ③ ④
(20)	① ② ③ ④
(21)	① ② ③ ④
(22)	① ② ③ ④
(23)	① ② ③ ④
(24)	① ② ③ ④
(25)	① ② ③ ④
(26)	① ② ③ ④
(27)	① ② ③ ④
(28)	① ② ③ ④
(29)	① ② ③ ④
(30)	① ② ③ ④
(31)	① ② ③ ④

（(18)〜(23) は大問 **2**、(24)〜(31) は大問 **3**）

リスニング解答欄

問題番号	1 2 3 4
No.1	① ② ③ ④
No.2	① ② ③ ④
No.3	① ② ③ ④
No.4	① ② ③ ④
No.5	① ② ③ ④
No.6	① ② ③ ④
No.7	① ② ③ ④
No.8	① ② ③ ④
No.9	① ② ③ ④
No.10	① ② ③ ④
No.11	① ② ③ ④
No.12	① ② ③ ④
No.13	① ② ③ ④
No.14	① ② ③ ④
No.15	① ② ③ ④
No.16	① ② ③ ④
No.17	① ② ③ ④
No.18	① ② ③ ④
No.19	① ② ③ ④
No.20	① ② ③ ④
No.21	① ② ③ ④
No.22	① ② ③ ④
No.23	① ② ③ ④
No.24	① ② ③ ④
No.25	① ② ③ ④
No.26	① ② ③ ④
No.27	① ② ③ ④
No.28	① ② ③ ④
No.29	① ② ③ ④
No.30	① ② ③ ④

（No.1〜No.15 は **第1部**、No.16〜No.30 は **第2部**）

※ 4 と 5 の解答欄は裏面にあります。

切り取り線

5 英作文解答欄

語数の目安は 80 〜 100 語です。

5

10

15

4 英文要約解答欄

語数の目安は 45 〜 55 語です。

5

10

15

Day 5　解答用紙（2級）

注意事項

①解答には HB の黒鉛筆（シャープペンシルも可）を使用し、解答を訂正する場合には消しゴムで完全に消してください。

②解答用紙は絶対に汚したり折り曲げたり、所定以外のところへの記入はしないでください。

③マーク例

良い例	悪い例
●	⊙ ⊗ ◖

◖ これ以下の濃さのマークは読めません。

筆記解答欄

問題番号	1	2	3	4
(1)	①	②	③	④
(2)	①	②	③	④
(3)	①	②	③	④
(4)	①	②	③	④
(5)	①	②	③	④
(6)	①	②	③	④
(7)	①	②	③	④
(8)	①	②	③	④
1　(9)	①	②	③	④
(10)	①	②	③	④
(11)	①	②	③	④
(12)	①	②	③	④
(13)	①	②	③	④
(14)	①	②	③	④
(15)	①	②	③	④
(16)	①	②	③	④
(17)	①	②	③	④

筆記解答欄

問題番号	1	2	3	4
(18)	①	②	③	④
(19)	①	②	③	④
2　(20)	①	②	③	④
(21)	①	②	③	④
(22)	①	②	③	④
(23)	①	②	③	④
(24)	①	②	③	④
(25)	①	②	③	④
(26)	①	②	③	④
(27)	①	②	③	④
3　(28)	①	②	③	④
(29)	①	②	③	④
(30)	①	②	③	④
(31)	①	②	③	④

リスニング解答欄

	問題番号	1	2	3	4
	No.1	①	②	③	④
	No.2	①	②	③	④
	No.3	①	②	③	④
	No.4	①	②	③	④
	No.5	①	②	③	④
	No.6	①	②	③	④
第1部	No.7	①	②	③	④
	No.8	①	②	③	④
	No.9	①	②	③	④
	No.10	①	②	③	④
	No.11	①	②	③	④
	No.12	①	②	③	④
	No.13	①	②	③	④
	No.14	①	②	③	④
	No.15	①	②	③	④
	No.16	①	②	③	④
	No.17	①	②	③	④
	No.18	①	②	③	④
	No.19	①	②	③	④
	No.20	①	②	③	④
	No.21	①	②	③	④
第2部	No.22	①	②	③	④
	No.23	①	②	③	④
	No.24	①	②	③	④
	No.25	①	②	③	④
	No.26	①	②	③	④
	No.27	①	②	③	④
	No.28	①	②	③	④
	No.29	①	②	③	④
	No.30	①	②	③	④

Day 6　解答用紙（2級）

注意事項

①解答には HB の黒鉛筆（シャープペンシルも可）を使用し、解答を訂正する場合には消しゴムで完全に消してください。

②解答用紙は絶対に汚したり折り曲げたり、所定以外のところへの記入はしないでください。

③マーク例

良い例	悪い例
●	◔ ⊗ ⬭

◯ これ以下の濃さのマークは読めません。

筆記解答欄

問題番号		1 2 3 4
1	(1)	① ② ③ ④
	(2)	① ② ③ ④
	(3)	① ② ③ ④
	(4)	① ② ③ ④
	(5)	① ② ③ ④
	(6)	① ② ③ ④
	(7)	① ② ③ ④
	(8)	① ② ③ ④
	(9)	① ② ③ ④
	(10)	① ② ③ ④
	(11)	① ② ③ ④
	(12)	① ② ③ ④
	(13)	① ② ③ ④
	(14)	① ② ③ ④
	(15)	① ② ③ ④
	(16)	① ② ③ ④
	(17)	① ② ③ ④

筆記解答欄

問題番号		1 2 3 4
2	(18)	① ② ③ ④
	(19)	① ② ③ ④
	(20)	① ② ③ ④
	(21)	① ② ③ ④
	(22)	① ② ③ ④
	(23)	① ② ③ ④
3	(24)	① ② ③ ④
	(25)	① ② ③ ④
	(26)	① ② ③ ④
	(27)	① ② ③ ④
	(28)	① ② ③ ④
	(29)	① ② ③ ④
	(30)	① ② ③ ④
	(31)	① ② ③ ④

リスニング解答欄

問題番号		1 2 3 4
第1部	No.1	① ② ③ ④
	No.2	① ② ③ ④
	No.3	① ② ③ ④
	No.4	① ② ③ ④
	No.5	① ② ③ ④
	No.6	① ② ③ ④
	No.7	① ② ③ ④
	No.8	① ② ③ ④
	No.9	① ② ③ ④
	No.10	① ② ③ ④
	No.11	① ② ③ ④
	No.12	① ② ③ ④
	No.13	① ② ③ ④
	No.14	① ② ③ ④
	No.15	① ② ③ ④
第2部	No.16	① ② ③ ④
	No.17	① ② ③ ④
	No.18	① ② ③ ④
	No.19	① ② ③ ④
	No.20	① ② ③ ④
	No.21	① ② ③ ④
	No.22	① ② ③ ④
	No.23	① ② ③ ④
	No.24	① ② ③ ④
	No.25	① ② ③ ④
	No.26	① ② ③ ④
	No.27	① ② ③ ④
	No.28	① ② ③ ④
	No.29	① ② ③ ④
	No.30	① ② ③ ④

※ 4 と 5 の解答欄は裏面にあります。

裏面記入上の注意

・太枠に囲まれた部分のみが採点の対象です。

・指示事項を守り、文字は、はっきりと分かりやすく、濃く、書いてください。

・数字の1と小文字のl（エル）、数字の2とZ（ゼット）など似ている文字は、判別できるよう書いてください。

・消しゴムで消す場合は、消しくず、消し残しがないようしっかりと消してください。

・解答が英語以外の言語を用いている、質問と関係がない、テストの趣旨に反すると判断された場合、0点と採点される可能性があります。

5 英作文解答欄

語数の目安は 80 〜 100 語です。

5

10

15

4 英文要約解答欄

語数の目安は 45 〜 55 語です。

5

10

15

7日間完成

文部科学省後援

英検®2級
予想問題ドリル

[6訂版]

解答と解説

Contents 解答と解説

英検®は、公益財団法人 日本英語検定協会の登録商標です。

旺文社

筆記試験&リスニングテスト
解答と解説

問題編 p.13〜28

筆記

1

問題	1	2	3	4	5	6	7	8	9	10	11	12	13	14	15	16	17
解答	3	2	2	1	2	2	2	1	1	1	2	2	1	4	3	1	3	1

2

	A			B		
問題	18	19	20	21	22	23
解答	2	3	2	3	4	1

3

	A			B				
問題	24	25	26	27	28	29	30	31
解答	1	4	2	2	4	4	3	2

4　解答例参照

5　解答例参照

リスニング

第1部

問題	1	2	3	4	5	6	7	8	9	10	11	12	13	14	15
解答	2	2	4	1	4	3	1	3	2	2	1	3	4	4	1

第2部

問題	16	17	18	19	20	21	22	23	24	25	26	27	28	29	30
解答	3	4	3	2	4	1	3	2	4	3	2	1	3	2

1

(1)　**解答 3**

A「トム が昨日, 試合に負けたって聞いたよ。彼は前年の優勝者だったし, 彼ほど強い人はいないから勝つと思っていたよ」
B「彼の対戦相手は新顔だったんだけど, とても強かったのよ」

解説　試合の勝ち負けの話なので, opponent「(試合などの) 相手, 敵」が正解。candidate「候補者」, spectator「観客」, explorer「冒険家」。

(2)　**解答 2**

「その飛行機は強風と凍えるような天候のため, いつもとは別の経路で滑走路に入らざるをえなかった」

解説　approach は「接近, (〜へ) 近づく道, (〜への) 通路」の意味。主語がairplaneであることと, 空所の後に to the runway「滑走路へ」が続いていること

に注目する。reaction「反応」, appearance「出現」, basis「基礎, 原則」。

(3)　**解答 2**

「最近の技術革新のおかげで, 最新のノートパソコンには, 従来の型よりも30%少ない電力しか消費しないものがある」

解説　目的語が30 percent less electricity「30%少ない電力」なので, consume「〜を消費する」が正解。prove「〜だとわかる, 〜を証明する」, purchase「〜を購入する」, develop「〜を発達させる」。

(4)　**解答 1**

「さらに高度情報化社会になるにつれ, メディアに関して重要な点は, 情報の正確さと, 伝達のスピードである」

解説 when it comes to は「～のこととなると」という意味。メディアに関して重要な点は何かを考えると情報のaccuracy「正確さ，精度」が当てはまる。exception「除外，例外」，consumption「消費，飲食」，delivery「配送，配信」。

(5) 解答 2

A「あの有名な映画スターのアンディについての記事をちょうど読んだところなんだ。彼は寛大にも災害の被災者への慈善事業に10万ドル寄付したんだって」

B「それはとてもいいことね」

解説 被災者に10万ドルものお金を寄付しているので，generously「寛大にも」が正解。frequently「頻繁に，度々」，locally「地元で，局所的に」，vaguely「漠然と，あいまいに」。

(6) 解答 2

「エースピッチャーが，けがをしたという事実にかかわらず，その野球チームは昨夜の試合で，最大のライバルを11対2で破った」

解説 defeatは「～を打ち負かす」という意味。by a score of 11 to 2 は「11対2の得点で」。offend「～の感情を害する」，struckはstrike「～を打つ，たたく」の過去形，betray「～を裏切る」。

(7) 解答 2

「クックさんはフォーマルなパーティーに出席するよう求められたが，着ていくのにふさわしい服を何も持っていなかった。幸い，友人が彼女にドレスを貸してくれた」

解説 suitable「適している，ふさわしい，似合う」。nothing, something, anythingなど，-thingで終わる語を修飾する形容詞はその後ろに置かれる（後置修飾）。さらに不定詞で修飾し，nothing suitable to wear「着るのにふさわしいものがない」となる。suspicious「疑惑を起こさせる，怪しい」，serious「(人・性格・行為が）まじめな」，affective「感情の」。

(8) 解答 1

A「すみません。このレストランでは何時に朝食を出すのですか」

B「週末は8時から始めています」

解説 この場合のserveは「(飲食物）を提供する，出す」。どのようなタイプの目的語をとり，その場合どのような意味になるかをチェックすることが，他動詞を

学習する上でのポイントである。save「～を節約する」，restrict「～を制限する」，accept「～を受け入れる」。

(9) 解答 1

「石炭火力発電所は，環境を保護したい人々にとっては魅力あるものではない，なぜなら，彼らは環境汚染を恐れているからである」

解説 どういう人にとってcoal-fired power plants「石炭火力発電所」が魅力的ではないのかを考えると，環境をpreserve「～を保護する」が当てはまる。obey「～に服従する」，disturb「～を邪魔する」，renew「～を新しくする，更新する」。

(10) 解答 2

「ティモシーは自分の便が出発可能になるまで空港で3時間待たなくてはならなかった。飛行機の出発の遅れはその地域の強風が原因だった」

解説 空港で3時間待たされた原因が強風ということなので，必然的に飛行機の出発のdelay「遅れ」が生じたと推測できるだろう。the delay in the flight's departure「飛行機の出発の遅れ」。preparation「準備」，schedule「予定」，cause「原因」。

(11) 解答 2

「このコミュニティー・センターはあらゆる市民に公開されているが，前もって何のために使うのかを言わない限りは使用が許可されない」

解説 誰でも使える施設だが，使用目的を申告しないと使えないので，いつ申告するかを考えれば，in advance「前もって，あらかじめ」が正解だとわかる。on purpose「故意に，わざと」，in return「お返しとして，お礼に」，by chance「偶然に」。

(12) 解答 1

「今では多くの人々が国際社会で働くことの重要性に気づいており，この交換留学制度への参加は，ほぼ10万人にまで増えた」

解説 participation「参加」と結びつくのはinで，participate in ～「～に参加する」の名詞化表現。student-exchange programは「交換留学制度」。

(13) 解答 4

「ハリーの息子は人とうまくやっていくのが得意ではない。それに比べて，ハリーの娘は大変社交的で，外向的だ」

解説 正解はin contrast「それに比べて，対照的に」。

空所の前後の文の内容，すなわちハリーの息子と娘が「対照的」であることに注目。in general「一般に，概して」，at most「せいぜい」，after all「結局」。

(14) 解答 **3**

A「ボブ，メアリーを日曜日の夕食に誘ったって言ってたでしょう。どうだったの？」

B「それがさ，彼女は直前になってデートをキャンセルしたんだ。結局家でひとりピザを食べて終わったよ」

解説 デートはキャンセルされて1人で家にいたのでend up *doing*「結局〜で終わる」が正解。feel like *doing*「〜したい気がする」，refrain from *doing*「〜するのを慎む」，burst out *doing*「突然〜し出す」。

(15) 解答 **1**

A「エレーナ，君は講義中に眠ってしまったよね」

B「ええ。今日締め切りのレポートを終わらせるために夜更かししたので，とても眠いの」

解説 I'm very sleepy because ... の理由づけになるように選択肢を選ぶ。stay up「寝ずに起きている」。look up「見上げる」，turn up「姿を現す」，pick up 〜

「〜を取り上げる」。

(16) 解答 **3**

「花嫁の父親が手術のため突然入院したのを受け，そのカップルは結婚式を2，3カ月延期することに決めた」

解説 put off 〜「〜を延期する」。after以降の節から結婚式を延期しなければならない事情を理解する。put「ある物をある場所へ動かす」＋ off「ある物・所（この場合予定されていた日時）から離す，遠ざける」＝「延期する，遅らせる」という成り立ちの句動詞。

(17) 解答 **1**

「デイジーが日本に滞在してほんの1カ月だという事実を考慮すれば，彼女は私たちの生活様式についてよく知っている」

解説 滞在期間が短いという事実と生活様式をよく知っているという結論を結びつけるには，take account of 〜「〜を考慮に入れる」が正解。take care of 〜「〜の世話をする」，take charge of 〜「〜を担当する」，take hold of 〜「〜を握る，掌握する」。

2A

全訳

夜泣きとグライプウォーター

　夜泣きとは，赤ん坊が過剰なほど泣く症状の名称である。大半の赤ん坊は頻繁に泣くが，その定義によると，夜泣きする赤ん坊は一度に3時間以上泣く。この原因は解明されておらず，そのほかいかなる健康問題の兆候でもない。夜泣きする赤ん坊がそうでない赤ん坊よりも何かの病気にかかりやすくなるということはない。夜泣きによって引き起こされる主要な問題は，親が抱く心配である。彼らは眠れなくなったり，ストレスを受けたり，うつになってしまったりすることさえある。夜泣きが単に自分の赤ん坊の自然な振る舞いであっても，親は自分たちが何か間違ったことをしているのではないかと思うかもしれない。

　夜泣きは昔からずっとあるので，数多くの治療法が存在してきた。最も普及した薬の1つはグライプウォーターと呼ばれた。それはほぼアルコールと砂糖から作られており，赤ん坊に少量与えられた。その調合薬のおかげで確かに赤ん坊はおとなしくなったが，それは彼らの健康に悪かった。政府が薬を規制する以

前には，これらの有害な治療法が普及していた。最終的に，これらの薬は非合法化され，薬草から作られる処方に換えられた。

　より新しい薬はいまなおグライプウォーターと呼ばれているが，残念なことに，それらが夜泣きを治療するという証拠はない。それどころか，それらは害さえもたらすかもしれない。インドのある研究では，グライプウォーターを与えられた際に赤ん坊がどう反応するか調べた。それを服用した赤ん坊はほかの赤ん坊とちょうど同じくらい泣き，お腹の不調がより多くあった。夜泣きする赤ん坊がいる場合には，親にとってはある種の治療法を用いることに心がそそられるかもしれないが，ただ待つことよりも良い方法はないのかもしれない。

(18) 解答 **2**

解説 空所直前のtheyは両親を指している。夜泣きは自然現象なのに，どうにもできない自分たちのことを両親がどう思うかと言えば，**2**の「何か間違ったことをしている」のかもしれないと考えるのが自然である。

1「赤ん坊とうまくやっている」，**3**「早めに就寝している」，**4**「しつけに厳しい」。

(19) 解答 3

解説 直前にある逆接のbutから空所にはマイナスの意味が入ると推測され，さらに次の文にharmfulという語が続くことから**3**「健康に悪い」が入ると判断できる。**1**「たくさんの人には使用されない」，**2**「十分

に甘くない」，**4**「購入するには値段が高すぎる」。

(20) 解答 2

解説 空所の前文でグライプウォーターの効果が否定され，さらに空所の後にcause some harm「害になる」とあることから，空所にはマイナス面の程度を強める意味の表現が来るとわかる。よって正解は**2**「それどころか」。**1**「最初は」，**3**「例えば」，**4**「それ以来」。

2B

全訳

お金

　毎日私たちは，食物を買ったり，家のために使ったりなど，ほとんど全てのことに対してお金を使う。私たちはいつもお金を所持し，お金を受け取ることがうれしい。お金は，どの国々が世界を支配するかを決定するほどの重要な要素だ。要するに，お金なしで世の中が回ることは難しいだろう。

　社会にお金という概念が存在する以前の非常に古い文化では，人々は自分たちが生産したり育てたりした物を市場に持っていき，それらをほかの人の品物と交換していた。もし漁師がパンを必要としたら，それを「買う」ために魚を使っただろう。その時代でさえ，素朴な経済らしきものが機能していた。もし魚がたくさんとれて農耕には向かない季節であったとすれば，野菜を買うためにはより多くの魚が必要だっただろう。

　そういった時代ははるか昔である。収入とは，社会が特定の技術に対して定める価値の象徴とみなすことができる。社会への貢献がより大きいと認知されればされるほど，社会はこれらの技術の代価としてより多くのお金を喜んで与える。例えば，医者の医療技術は家の塗装技術よりも，より希少で重要だとみなされるため，医者はより高い収入を得る。しかしながら，町に1人しか塗装職人がおらず，塗るべき家がたくさんあるとしたら，収入は変わるだろう。塗装職人の技術は大いに必要となり，塗装職人はより高い料金を請求できるだろう。物々交換する代わりに，私たちは時間

と技術をお金と交換する。そのお金は，必要な物や欲しい物を買う力をわれわれに与えるのである。

(21) 解答 3

解説 第1段第1〜3文の内容から，お金が人間の全ての営みに関係している事実が理解できる。最終文は，それらをまとめる内容となるように**3**のIn short「要するに」を入れると自然に文がつながる。**1**「その一方で」，**2**「これにもかかわらず」，**4**「幸運にも」。

(22) 解答 4

解説 第2段落第1〜2文では，marketplace「市場」で物々交換が行われた時代のことが説明されている。この状況において，rough version of economics「経済の素朴な形」がどうであったのかを考える。正解は**4**のwas at work「機能していた」。**1**「ほとんど存在していなかった」，**2**「すぐに減少した」，**3**「徐々に崩壊した」。

(23) 解答 1

解説 第3段第5文のif there is just one house painter in a town and many houses to be painted「町に1人しか塗装職人がいなくて塗るべき家がたくさんあるとしたら」という条件を理解する。be in great demandで「大いに必要とされる」の意味。**2**「永遠に失われる」，**3**「関係を促進させる」，**4**「基本的な要求を取り除く」。

全訳

差出人：ノーティラス家電
＜customerservice@nautilusappliances.com＞
受取人：ライリー・バウムシュタイン
＜r.baum@topmail.com＞
日付：3月12日
件名：新しい食洗機
バウムシュタイン様

　私どもの新製品であるウィスパー・ウォッシュ食洗機についてお問い合わせいただき，ありがとうございます。ご質問に回答させていただきます。まず，商品の詳しい特徴についてお問い合わせいただきました。ウィスパー・ウォッシュは最新の技術を用いて騒音を低減しながらも，汚れた食器類を洗浄するのに十分な力を保ちます。とても静かに動くので，キッチンにいるときでさえもそれが作動していることにほとんどお気づきにならないでしょう。いかに静かであるか驚きになるはずです。

　第二に，顧客サポートにつきまして，私どもは生涯保証のついたその新しい食洗機に自信を持っております。食洗機が故障するようなことがあれば，無料で修理いたします。修理不可能な場合には，無償で新しいものと交換いたします。当ウェブサイト上のユーザーガイドに記載されている電話番号で，お気軽に修理部までご連絡ください。

　また，食洗機には無料で毎年メンテナンスを提供いたします。食洗機が故障するのを防ぐ最善の方法は，故障してしまう前に定期的な保守点検を行うことです。お問い合わせは同一の電話番号にお電話ください。食洗機のクリーニングのために伺うノーティラス社公式スタッフをご予約いただけます。必ず，当スタッフが万事正常に稼働するようにいたします。このサービスは1年に一度ご利用になれます。このほかご質問がございましたら，お気軽にご連絡ください。
敬具
ノーティラス家電

(24)　解答　**1**

「ウィスパー・ウォッシュ食洗機は」
1 新しい技術を利用した新製品だ。
2 セルフクリーニング機能を持っており，メンテナンスが要らない。
3 どんなキッチンにもぴったり収まるようにサイズを

縮小した。
4 水をあまり使用しないことでとても静かに動作する。
解説　第1段落第4文に注目。この食洗機の特徴はuses the latest technology to reduce noiseとあり，**1**が正解。latestは「最新の」の意味。**2**のself-cleaning，**3**のreduced in size，**4**のless waterに関する内容は，英文中に書かれていない。

(25)　解答　**4**

「食洗機が故障した場合，バウムシュタインさんはまず何をすべきか」
1 メールを送信して，修理のための予約をする。
2 定期的にメンテナンスしてもらうために会社のウェブサイトにアクセスする。
3 店舗から交換用の食洗機を受け取る。
4 マニュアルに記載されている電話番号に電話する。
解説　supportに関する内容が述べられている第2段落最後の1文に正解がある。「website上のuser guideにあるphone numberでcontactせよ」ということなので，正解は**4**。修理の可否や不良品交換は，電話連絡後の話。websiteはuser guideがある場所で，**1**や**2**のような手段としてのものではない。

(26)　解答　**2**

「食洗機の定期的なメンテナンスについて正しいことは何か」
1 無料の修理とクリーニング講座が含まれる。
2 食洗機が故障する可能性を下げる。
3 バウムシュタインさんはそれを1年間無料で受けられる。
4 公式スタッフが無料で食器類を洗浄する。
解説　第3段落第2文に正解に関する内容が書かれているが，選択肢が紛らわしいので慌てずに吟味したい。regular maintenanceがbreakingを抑えるbest wayだと言っており，**2**が正解。**1**の講座の話はなく，**3**は1年間だけという制限はない。**4**は「食洗機」ではなく「食器類」を洗うという点が誤り。

全訳

ゾウを救うこと

　多くの人々は，ゾウはネズミが怖いと思っているが，専門家によると，これは真実ではない。実は，アフリカのゾウに関する問題の1つは，彼らには恐れるものがほとんどないということなのである。これは，農場や村に入ることによって，ゾウはしばしば自らを危険に陥れているということを意味する。地元の人々は自分たちの住居と作物を守るために，そのようなゾウに発砲するだろう。しかし現在，ついに科学者たちは，ゾウが怖がる小さな生き物を発見した―ミツバチである。この知識がゾウを保護するのに使えることを彼らは期待している。

　ゾウの専門家たちは，ゾウはミツバチが怖いのではないかと，しばらく前から疑っていた。なぜならゾウがハチの巣がある木を避けることに気づいたからである。また，アフリカのいくつかの地域において，ゾウは自分たちのいつもの経路にある木にミツバチが住みつくと通り道を変えることにも，彼らは気づいていた。これはおそらく，南部および東部アフリカのミツバチが特に危険であるからであろう。実際，アフリカのミツバチは自分たちの巣を脅かすバッファローを攻撃して殺してしまうことが知られている。

　オックスフォード大学でゾウを研究している科学者のルーシー・キング博士は，本当にゾウがミツバチを怖がっているのかどうかを検証することにした。彼女と彼女のチームがした最初のことは，怒ったミツバチの録音をすることであった。ミツバチがあまりにも危険なので，これは簡単なことではなかった。彼女はハチの巣の前にマイクとテープレコーダーを設置し，ハチの巣に石を放り込んで，そして自分の車に走って戻った。ミツバチが落ちついてから，彼女は録音したものを回収した。

　それからそのチームは，拡声器を偽の木の幹に入れて，昼の暑さの中で眠っていたゾウに向けて，録音したものを流した。17のゾウの家族のうち，16家族はテープを聞いてから80秒以内に逃げ去った。逃げなかった1つの家族は非常に若く，そのためミツバチに遭遇した経験がなかった。キング博士はこの調査を活用し，村の周りにハチの巣をぶら下げたフェンスを導入した。こうすることで，地域住民ははちみつを取って売ることができ，さらに人々とゾウが互いから守られることができるのだ。

(27)　解答　2

「なぜアフリカの地域の人々はときどきゾウを殺そうとするのか」

1 ゾウはネズミに驚くと攻撃的で危険になる。

2 ゾウは村に侵入し彼らの住居と農場に損害を引き起こし得る。

3 人々はゾウを追ってくる危険なミツバチから身を守らなくてはならない。

4 人々は象牙を欲しいと思い，生活費を稼ぐためにそれを売る。

解説　第1段落第3文「ゾウは農場や村に入ることで自らを危険に陥れる」→第4文「地元民が家や作物を守るために発砲するから」という流れを理解できれば，正解が得られる。本文中に shoot at the elephants とあり，銃弾を受ければ当然命の危険があることは予測できるだろう。

(28)　解答　4

「アフリカのいくつかの地域のミツバチは何をするのか」

1 ゾウの住処の近くに育つ花の蜜を集める。

2 ゾウが生息する地域にある木に巣を作るのを避ける。

3 バッファローやほかの動物を攻撃するために経路を変える。

4 自分たちの巣に近づきすぎた大きな動物さえも攻撃する。

解説　第2段落第4文に南部および東部アフリカのミツバチは特に危険なこと，そして同段落最後の文に巣を脅かすバッファローを攻撃して殺すことが書かれており，4が正解。

(29)　解答　4

「キング博士がハチの巣に石を放り込んだのは」

1 ハチの巣に石が当たる音を録音できるように。

2 マイクを回収する間にミツバチが彼女を攻撃するのをやめさせるため。

3 ミツバチを脅してゾウから追い払いたかったから。

4 ミツバチの邪魔をし，しばらくの間ミツバチをひどく怒らせるため。

解説　第3段落に正解につながる記述がある。まず彼女が取り組んだことは，怒ったミツバチの音を録音することであり，そのためには意図的にミツバチを怒らせる必要があったので，そのための行為だとわかる。

よって，正解は**4**。

(30)　解答　**3**

「ゾウの家族の1つが逃げなかった理由は何か」

1 音が本物でないと気づき，逃げる必要がないと思った。

2 昼食後に熟睡しており，何の音にも気づかなかった。

3 それまでにその音を聞いたことがなく，危険だと気づかなかった。

4 速く走ることができず，逃げるのをあきらめた。

解説　第4段落第3文から正解が**3**だとわかる。本文 had no experience of bees→正解選択肢 had never heard the sounds before の書き換えに注意。

(31)　解答　**2**

「以下の記述のうち正しいものはどれか」

1 キング博士はミツバチを怒らせるものは何かについてもっと学ぶために調査を実施した。

2 ゾウの専門家たちはゾウを人々から遠ざけるためにミツバチを利用したいと思っている。

3 アフリカの地域の多くの人々は，ミツバチから逃げる方法をゾウに教えている。

4 アフリカの最も危険なミツバチのはちみつは高額で売れた。

解説　最終段落の最後の2文から正解が**2**だとわかる。この部分が，「ゾウは恐れるものがないため村や農場に侵入し，その結果命の危険にさらされる」という最初の段落でなされた問題提起に対する解答となり，文章をまとめる役割を果たしている。

4

問題の訳

　たいてい，大学生はキャンパスに行ってそこで直接授業を受ける。他大学を訪れて，その大学のプログラムに参加する学生もいるかもしれない。授業を受けるにはほかの選択肢もある。最近，多くの大学でオンライン授業を利用できる。

　オンラインプログラムに在籍している場合，学生は2つの主な方法で授業にアクセスする機会が持てる。ライブ授業に出席することもできるし，インターネットを通じて，自分の好きなときにストリーミング視聴したりダウンロードしたりして，後から授業の録画を見ることができる。また，学生は学校に通う必要がないので，バスや電車などの運賃を支払う必要がない。

　その一方で，オンライン学習は，学生がほかのクラスメートと会わないので，学生に孤独を感じさせることがある。加えて，対面での交流の欠如によって，教授との人間関係を築くのに時間がかかることがある。

解答例

Nowadays, students can take classes online. Online classes are useful for students because they can watch the classes live or watch the recorded ones anytime later. Also, students do not have to spend money on transportation. However, some students might feel lonely or struggle with relationships because they cannot see classmates or teachers in person. (55語)

解答例の訳

近ごろ，学生はオンラインで授業を受けることができる。オンライン学習は，ライブ受講することや録画された授業を後でいつでも見ることができるため，学生にとって便利だ。また，学生は交通費にお金を使う必要もない。しかしながら，クラスメートや先生と直接会えないため，孤独を感じたり人間関係に苦労したりする学生もいるかもしれない。

解説　まず，問題文が大きく3つの段落になっていることを確認しよう。第1段落でトピックとして「オンライン授業」が取り上げられ，続く第2段落で「オンライン授業の利点」，さらに第3段落で「オンライン授業の欠点」が書かれており，「オンライン授業」が文章全体のテーマであることがわかる。

　第1段落ではまず，Usually, ... / Some of them ... の表現を用いて大学生の授業受講のあり方を2つ紹介した上で，さらに other options の1つとして最後にトピックの「オンライン授業」を取り上げている。

第2段落で押さえるべき語はAlsoだ。Also は「〜もまた」と情報の付加を表す語なので，このAlsoを挟んだ前後に2つの事柄が並んでいることが読み取れる。ここでは，オンライン授業の利点として主に2つの受講方法があるという「オンライン授業の利便性」と「交通費の節約」が挙げられている。

第3段落では，冒頭の On the other hand がポイント。「その一方で」と逆接・対比を表すつなぎ言葉なので，第2段落の「オンライン授業の利点」と異なり，ここでは「オンライン授業の欠点」が書かれていると予測できる。また，On top of that にも注目。「それに加えて」という意味なので，Also と同様にこの語句の前後に書かれている2つの内容を押さえることが大切だ。

要約問題の採点の観点には「内容・構成・語彙・文法」の4つがあり，解答がこれらの観点に基づいて適切に作成されているかが判断される。「内容」の観点では，上記の「トピックの導入」「オンライン授業の利点」「オンライン授業の欠点」という3つの点を必ず含めよう。「構成」の点では，3つの内容を論理的につなげるために，Also, Howeverなどのつなぎ言葉を用いて，問題文の論理展開に即して組み立てることがポイント。適切な「語彙」の選択と正確な「文法」を用いているかが重要なのは言うまでもない。語数に制限があるため，解答例では問題文の whenever they want を anytime に，pay for things like bus or train tickets を spend money on transportation に言い換えたり，第3段落最終文前半の内容である「人間関係構築の難しさ」を struggle という語で短くまとめて表したりしている。

5

問題の訳

TOPIC：大学生にとって体育の授業を受けることは重要であるという人がいます。この意見に賛成しますか。
POINTS：選択・健康・将来

解答例①

I agree that gym classes are important for university students. First, it is said that doing exercise makes the brain healthier in addition to the body. This means that it can increase their academic performance. For this reason, I believe that it is important for every student, even for people who are not good at sports or do not like to exercise. Second, playing team sports can teach students how to cooperate with other people. These experiences will improve their social and business relationships after graduation. For these reasons, I think university students should take gym classes.
(97語)

解答例①の訳

私も体育の授業は大学生にとって重要だと思います。第一に，運動をすると体だけでなく脳がより健康になると言われています。つまり，運動は学生の成績を向上させる可能性があります。この理由から，運動はあらゆる学生にとって，スポーツが得意でない人たちや運動が好きではない人たちにとってさえも重要だと思います。第二に，チームスポーツをすることで学生は他人との協力の仕方を学ぶことができます。これらの体験は卒業後，彼らの社会的および仕事上の人間関係を向上させるでしょう。これらの理由から，大学生は体育の授業を受けるべきだと思います。

解説 解答例①はYesの立場で，POINTSのHealthの形容詞形であるhealthyの比較級healthierを用いて理由を述べている。POINTSのFutureを直接的には使用していないが，大学卒業後に及ぼす影響を未来表現のwillを用いて述べている。

大学生が体育の授業を受ける利点として，ほかには「健康維持」や「運動不足解消」などが考えられる。

なお，解答例①の it is said that ... 「…と言われている」という表現のほかにも，専門的な事実，議論の余地がある内容（Some people say that ... 「…と言う人もいる」），噂に聞いたことのある事柄（I hear that ... 「…と聞

いている」), 過去に書籍や記事, インターネットなどで読んだことがある情報（I have read a book written about ...「…について書いてある本を読んだことがある」/ I have read (on the Internet) about ...「…について（インターネットで）読んだことがある」）について述べる言い方もある。一方, 自分自身の体験を交える場合は, from my (own) experience「私の経験から」などの表現も使える。

解答例②	解答例②の訳

解答例②

I do not agree with the opinion that it is important for university students to take gym classes. To begin with, some people like exercising while others do not. Making people do what they do not like would not affect them positively. University students are old enough to choose whether they should take gym classes or not. In addition, it is more important for them to concentrate on their studies. They should spend as much time as possible on their studies. It is for these two reasons that I think gym classes should be optional for university students. (98語)

解答例②の訳

大学生にとって体育の授業を受けることが重要であるという意見には, 賛成しません。初めに, 運動することが好きな人もいれば, 好きではない人もいます。好きではないことを強制的にやらせることは, 人に良い影響を与えません。大学生は体育の授業を受けるべきかどうか, 自分で選ぶことのできる年齢です。さらに, 大学生にとっては学業に専念することの方が重要です。彼らはできるだけ多くの時間を学業に割くべきです。私が大学生の体育の授業が選択制であるべきだと考えるのは, これら2つの理由からです。

Day

1

解説 Noの立場としての解答例②では, POINTSのChoiceを動詞chooseとして用い, 学業に専念すべきだと意見をまとめている。このように, 2級の意見論述問題では必ずしもPOINTSの観点を含める必要がないことも, あわせて覚えておきたい。解答例のほかには「けがや負傷の危険性」などの意見が考えられる。

Listening Test

No. 1　解答　2

☆：Excuse me, are you still selling the special mint milkshake right now?

★：Well ma'am, actually that promotion just ended yesterday. I'm sorry about that.

☆：Ah, that's too bad. I was really looking forward to trying it. It looked really delicious.

★：How about a chocolate shake? It's our best-selling drink.

Question: Why is the woman disappointed?

☆：すみません，スペシャルミント・ミルクシェイクは，今もまだ売っていますか。

★：お客様，実はあの販売促進はちょうど昨日終わってしまったんです。申し訳ありません。

☆：あら，それはとても残念だわ。食べてみるのを本当に楽しみにしていたの。とてもおいしそうだったから。

★：チョコレートシェイクはいかがですか。当店で一番売れている飲み物ですよ。

質問：女性はなぜがっかりしているのですか。

1 スペシャルドリンクはおいしくなかった。　**2** 来るのが遅すぎた。
3 カフェが閉まっていた。　**4** チョコレートシェイクが売り切れていた。

解説　選択肢を読み違えないことが大切。女性がスペシャルドリンクを飲めなかった理由は，最初の男性店員の発言から，販売促進期間終了後に来店したからだとわかる。それを「来るのが遅すぎた」と表現した，**2**が正解。男性店員の最後の発言にチョコレートシェイクが出てくるが，これは女性が求めていたものではない。

No. 2　解答　2

★：Do you have any idea what we should buy Mom for her birthday?

☆：I'm not sure. I saw a necklace I really liked but I gave her jewelry last time.

★：Why don't we give her some nice cookies or chocolates for a change? We could buy her something expensive in a nice box.

☆：That's actually a good idea.

Question: What is one thing the man says?

★：母さんの誕生日に何を買うか，アイデアはあるかい？

☆：わからないわ。とてもいいと思うネックレスを見かけたんだけど，宝石類は前回あげたし。

★：目先を変えて素敵なクッキーかチョコレートをあげるのはどうかな？　素敵な箱入りの高級な何かを買えるだろう。

☆：それは本当にとてもいいアイデアだわ。

質問：男性が言っていることの1つは何ですか。

1 彼の母親はプレゼントを欲しがっていない。　**2** 甘いお菓子を買いたいと思っている。
3 たくさんの宝石類を持つことは良いことだ。　**4** そのネックレスは高額すぎる。

解説　男性の2回目の発言の冒頭Why don't we give her some nice cookies or chocolates for a change?が聞き取れれば，正解の**2**を選ぶことは難しくない。また，jewelryをやめる理由が価格だとは一切触れられていないので**4**は誤り。

No. 3 解答 **4**

☆：Hello Mike, were there many customers this week?

★：Yes, there were! We had lots of reservations for Mother's Day. Also, a few children's sports teams had their after-game meals here.

☆：That's good to hear. We usually have few reservations this time of the year, so it's good to have so many customers.

★：It even looks like we might have to hire a new waiter.

Question: What are the man and woman talking about?

☆：こんにちは、マイク、今週はお客さん多かった？

★：多かったよ！ 母の日の予約がたくさんあったんだ。あとは、いくつか子どもたちのスポーツチームが試合後の食事をここでしましたよ。

☆：いい知らせね。いつも1年のうちでこの時期は予約がほとんどないから、お客さんが多いのはいいことだわ。

★：むしろ新しいウエーターを雇わないといけないかもしれないくらいだよ。

質問：男性と女性は何について話していますか。

1 一緒に食べた食事。　　**2** 計画している休暇。
3 行く予定のスポーツの試合。　　**4** 働いているレストラン。

解説 customersやreservations、waiterなどの単語から、レストランに関する内容だと推測できるはずだ。予約が多かったという話を男性から聞いて、女性がgoodを繰り返し使っていることに加えて、We usually have few reservations ...「<u>私たちは</u>いつも予約がほとんどない…」と言っていることから、女性も男性とともにレストランで働いていることがわかる。

No. 4 解答 **1**

★：Rabbit Delivery Service.

☆：Hello. I'm calling about a delivery that's supposed to arrive at my house this morning. Could you change the delivery date for me? My daughter has a fever and I need to take her to the clinic as soon as possible.

★：That's no problem. Is there a better day for the package to be delivered?

☆：Any other day this week would be fine.

Question: What is the woman's problem?

★：ラビット宅配サービスです。

☆：もしもし。今日の午前中にうちに届くことになっている荷物についてお電話しています。配達日を変更していただけますか。娘が熱を出して、できるだけ早く病院へ連れていかなければならないんです。

★：かしこまりました。お荷物をお届けするのに都合の良い日はございますか。

☆：今週のほかの日ならいつでも大丈夫です。

質問：女性の問題は何ですか。

1 急に外出しなければならない。　　**2** ひどい風邪をひいている。
3 荷物が届かなかった。　　**4** 娘が診察を嫌がっている。

解説 女性の最初の発言が理解できれば、**1** が正解だとわかる。change the delivery dateを申し出た理由がI need to take her (= my daughter) to the clinicということなので、つまりは配達時に不在だと言っていると判断できる。最後に配達日の変更を話題にしているが、**3** の荷物未配達によるものと勘違いしないように注意。

No. 5 解答 4

☆：Jonathan, turn the TV down. I don't want to miss the doorbell when the delivery comes.
★：Oh, I'm sorry, Mom. I'll put on headphones.
☆：It's not good for your ears to watch TV so loudly.
★：I know. But some parts of this movie are really hard to hear.

Question: What does Jonathan's mother tell him to do?

☆：ジョナサン，テレビのボリュームを下げて。荷物の配達が来たとき，玄関のチャイムを聞き逃したくないの。
★：ああ，ごめんなさい，母さん。ヘッドフォンをつけるよ。
☆：テレビをそんな大きな音で見ていると，耳に良くないわよ。
★：わかってる。でもこの映画，いくつかの場面で音がとても聞こえにくいんだよ。

質問：ジョナサンの母親は，彼に何をするよう言っていますか。

1 配達された荷物を玄関で受け取る。
2 別の部屋でテレビを見る。
3 ヘッドフォンを使うのをやめる。
4 テレビのボリュームを下げる。

解説　冒頭の女性の発言の聞き取りが全て。Jonathan, turn the TV down. と言っているので，正解は**4**である。ただし，turn down ～「～のボリュームを下げる」がlower という動詞1語に言い換えられている点に要注意。余剰情報である本文中のdelivery やheadphones などから，選択肢を取り違えないように注意したい。

No. 6 解答 3

☆：Hi Bill, would you like to come over to my house this Thursday? Some of my coworkers are coming to play some board games.
★：Sure, that sounds like fun. Do you need me to bring over any games?
☆：No, it's fine. Actually, I just purchased some new games that I want to try.
★：Sounds fun. See you then!

Question: What is one reason the woman is inviting the man?

☆：ねえビル，今度の木曜日，うちに来ない？　同僚の何人かが来て，ボードゲームをやる予定なの。
★：もちろんだよ，楽しそうだね。何かゲームを持っていこうか？
☆：いいえ，大丈夫よ。実は，ちょうど試してみたい新しいゲームを買ったところなの。
★：面白そうだ。じゃあそのときに！

質問：女性が男性を招待している理由の1つは何ですか。

1 彼はゲームをするのがとてもうまい。
2 彼は新しい同僚に会いたいと思っている。
3 彼女は新しいゲームをしたい。
4 彼女はボードゲームをなくしてしまった。

解説　女性の最初の発言から，女性が自宅でのボードゲームに男性を誘っていることがわかるが，それだけでは選択肢は選べない。何かゲームを持っていこうかという男性の提案を断り，女性が続けたI just purchased some new games that I want to try という発言が聞き取れれば，正解の**3**を選べるはずだ。

No. 7 　解答　1

☆：Hello?

★：Hey honey, I'm at the store and some good chicken legs are on sale. Do you need some?

☆：How long are they good for?

★：Only for today. They're on clearance so I guess the store is trying to sell them before they go bad.

☆：I've already got my plans for the next three days of meals so I say we should skip it.

Question: Why doesn't the woman want the chicken legs?

☆：もしもし。

★：もしもし，店にいるんだけど，良さそうな鶏もも肉がセールになってるんだ。欲しいかい？

☆：どのくらいもつのかしら？

★：今日までだよ。店も悪くなる前に売りたくて，在庫一掃セール中なんだろうね。

☆：次の3日分の食事はもう献立が決まってるの。だから，今回はよしておきましょう。

質問：女性が鶏もも肉を欲しいと思っていないのはなぜですか。

1 すぐに傷んでしまう。　　　　　　　**2** 値段が高すぎる。
3 家にすでにある。　　　　　　　　　**4** 鶏もも肉が好きではない。

解説　女性の最後の発言I've already got my plans for the next three days of mealsの聞き取りが正解へのポイント。女性が鶏もも肉の日持ち日数を尋ねた際に，男性が「今日まで」と答えていることから，たとえ購入したとしても，使う前に食材が悪くなってしまうと考えたことがわかる。よって，**1** が正解。

Day 1

No. 8 　解答　3

☆：Peter, could I ask a favor?

★：Sure, what do you need?

☆：I'm writing an article for a literary journal and I was hoping you'd be able to take a look to see if there are any obvious mistakes.

★：Wow, that's a great opportunity for you. Sure, I'll take a look at it. My opinion might not be that useful, but maybe I can find some grammar mistakes.

Question: What does the man say about the woman's writing?

☆：ピーター，お願いがあるの。

★：いいよ，どうしたの？

☆：ある文芸雑誌の記事を書いているんだけど，明らかな間違いがないか見てくれないかしら。

★：わあ，君にとって素晴らしいチャンスだね。もちろん見るよ。僕の意見はあまり役に立たないかもしれないけど，文法のミスは見つけられるかもしれない。

質問：女性が書いたものについて，男性は何と言っていますか。

1 彼女がよく間違えると思っている。　　**2** 彼女が前に書いたものの方が好きだ。
3 彼女のしていることに感銘を受けている。　**4** 彼女の作品を読む時間はない。

解説　男性の最後のWow, that's a great opportunity for you. という発言が聞き取れれば，正解の**3**は選べるだろう。記事を読んでみると言っているので，**4**は不正解。また，文法のミスを見つけてあげられるとは言っているが，女性にミスが多いとは考えていない。さらに，女性の過去の著作に関する言及もない。

No. 9 解答 2

★：Did you make the reservations for Raul's birthday party?
☆：Yes, I phoned the city's parks department and booked the picnic area at the park for Saturday at 2 p.m.
★：That's great. I'll make sure to bring all the sausages for the grill. I'll also ask the other guests to bring some food.
☆：Sounds good. Don't forget to get some drinks, too.

Question: What did the woman do to prepare for the party?

★：ラウルの誕生日パーティーのための予約は取った？
☆：ええ，市の公園管理局に電話をして，公園のピクニックエリアを土曜日午後2時から予約したわ。
★：素晴らしいね。僕は焼く用の全てのソーセージを必ず持っていくよ。ほかの招待客にも，食べ物を持ち寄ってくれるよう頼んでおく。
☆：いいわね。飲み物も忘れずに持ってきてね。

質問：女性はパーティーの準備のために何をしましたか。

1 誕生日プレゼントを買った。　　　　　**2** 場所を予約した。
3 食べ物を用意した。　　　　　　　　　**4** 飲み物を購入した。

解説　女性の最初の発言から，女性が公園を予約したことがわかれば正解の**2**は選べるだろうが，単語が変わっている点に気づけるかどうかがポイント。book（動詞）もreserveも「〜を予約する」の意。飲食物に関しては男性の方で準備や手配をすると言っており，またプレゼントに関する発言は一切ない。

No. 10 解答 2

★：Hello, I'm here for the programming conference. Here's my registration card.
☆：Ah yes, thank you, Mr. James. Here is your name tag.
★：Thank you. Will I need to buy a parking pass for my car?
☆：There's no need for one. Just show your name tag to the security guard when you exit the garage. Thank you for coming!

Question: What will the man need when leaving the parking garage?

★：こんにちは，プログラミング協議会のために来ました。こちらが登録カードです。
☆：あ，はい，ありがとうございます，ジェームズ様。こちらが名札です。
★：ありがとう。私の車用に，駐車券を買う必要がありますか。
☆：駐車券は必要ございません。駐車場を出るときに警備員に名札をお見せください。お越しいただきありがとうございます！

質問：男性は駐車場を出るときに何が必要ですか。

1 登録カード。　　　　　　　　　　　　**2** 名札。
3 駐車券。　　　　　　　　　　　　　　**4** イベントのチケット。

解説　「駐車券が必要か」という男性の質問に対して，女性が「必要ない」と答えた後に続けた発言Just show your name tag to the security guard when you exit the garage.が正解へのポイント。ずばり「名札を見せてください」と言っており，**2**が正解。registration cardやparking passのような語句に惑わされないことが大切。

No. 11 　解答　1

★：Did everybody do their homework? Good. Could you all please bring it to the front of the class? Now, please sit down and open your books to page 22.

☆：Mr. Smith! I've forgotten my book. I left it at home.

★：Well, you'll just have to share with your partner, John. Don't let it happen again.

☆：Yes, Mr. Smith. I'm sorry.

Question: What is the girl's problem?

★：皆さん，宿題をやってきましたか。よろしい。皆さん教室の前に持ってきてくれますか。さて，席に着いて教科書の22ページを開いてください。

☆：スミス先生！　教科書を忘れました。家に置いてきてしまいました。

★：じゃあ，お隣のジョンに見せてもらわないといけないですね。二度とないようにしてください。

☆：はい，スミス先生。すみません。

質問：女の子の問題は何ですか。

1 教科書を家に置いてきた。　　　2 宿題をやっていなかった。
3 ジョンと仲良くできなかった。　　4 学校に遅刻した。

解説　冒頭のhomeworkやclassなどから，教室でのやりとりだと判断できる。女子生徒の最初の発言I've forgotten my book. I left it at home.から，正解の**1**を選べるだろう。冒頭に宿題に関する余分な情報があるが，男性教師の指示は最終的に教科書に移っている点に注意したい。

Day 1

No. 12 　解答　3

☆：Excuse me. Do you know if the next bus for London is leaving soon?

★：One just left five minutes ago. The next one is in another hour and a half.

☆：Oh, no. Well, do you know where I can get a good cup of coffee while I'm waiting?

★：There's a nice place over there next to the bookstore.

Question: What will the woman probably do next?

☆：すみません。ロンドン行きの次のバスはもうすぐ出るかわかりますか。

★：5分前に1台行ってしまったばかりです。次のバスは1時間半後になります。

☆：あら，いやだ。じゃあ，待っている間においしいコーヒーが飲める場所をご存じですか。

★：向こうの書店の隣にいい店がありますよ。

質問：女性はおそらく次に何をしますか。

1 本を読む。　　　　　　　　　2 5分待つ。
3 喫茶店に行く。　　　　　　　4 バスに乗ってロンドンを出る。

解説　冒頭のやりとりから，女性がバスに乗り損ねた上に1時間半の待ち時間ができたことを聞き取れるかがポイント。待ち時間にやろうとしていることが，女性の2回目の発言に述べられている。do you know where I can get a good cup of coffee while I'm waiting?と言っていることから，**3**が正解である。

15

No. 13 解答 4

☆：My sister said she'd like to stay with us this summer.

★：That would be nice. But I'm afraid the mattress in our guest room is getting old.

☆：Maybe it's finally time to replace it. I think we should buy a simple one.

★：You're right. I'll stop by the furniture store next time I'm near it.

Question: What is one thing we learn about the man and woman?

☆：うちの姉が今年の夏，私たちのところに泊まりたいんだって。

★：それはいいね。でも，残念ながら客間のベッドマットレスは古くなってきていると思う。

☆：たぶん，ついに買い替える頃合ね。シンプルなものを買うべきだと思うわ。

★：その通りだね。今度家具店のそばを通ったときに立ち寄ってみるよ。

質問：男性と女性についてわかることの1つは何ですか。

1 女性の姉のもとを訪れる予定だ。　　**2** 客間にベッドがない。
3 寝室がシンプルすぎると思っている。　　**4** 新しいマットレスを手に入れる予定だ。

解説　男性と女性の問題は，the mattress in our guest room is getting old なので，we should buy a simple one が聞き取れれば，正解の**4**はすぐに選べるだろう。なお，2人が女性の姉を訪問するわけではなく，simple なのは部屋ではない点に注意。

No. 14 解答 4

★：Hello ma'am, how can I help you?

☆：Yes, I heard from my neighbor that you're selling sweaters for 60 percent off.

★：That's true. We're putting out a newspaper advertisement tomorrow but the sale actually starts today.

☆：Oh good. Before coming, I checked online to look up the sale but I couldn't find anything. So, I was a bit worried about it.

Question: How did the woman learn about the sale?

★：いらっしゃいませ，お客様，ご用件は何でしょうか。

☆：ええ，ご近所の方から，こちらでセーターが60％割引になっていると聞いたんだけれど。

★：その通りです。新聞広告が出るのは明日なのですが，セールは実際今日から始まっています。

☆：あら，良かった。来る前にセールについてインターネットで調べてみたんだけれど，何も見つけられなかったの。だから少し心配だったのよ。

質問：女性はセールについてどのように知りましたか。

1 店のウェブサイトで見た。　　**2** ラジオの宣伝を聞いた。
3 新聞で読んだ。　　**4** 友人から教えられた。

解説　いろいろな情報が聞こえてくるので，選択肢の吟味が必要になる。女性の最初の発言から，セールの情報源は近所の人だとわかる。ただ，店員によると新聞広告はまだ出しておらず，女性がチェックしたネット上にも掲載されていないことを正確に聞き取れないと，正解の**4**にはたどり着けない。

No. 15 解答 1

☆ : I'm sorry I'm late. I came as quickly as I could.	☆ : 遅れてごめんなさい。できる限り急いだのよ。
★ : What on earth happened? Did you miss the train? You said you'd be here by six o'clock.	★ : 一体何があったの？ 電車に乗り遅れた？ 君は6時までにはここに来るって言っていたよ。
☆ : I was just about to leave when a client called. I had to check some facts for him and then call him back.	☆ : ちょうど出ようとしていたときにお客さんから電話があったのよ。彼のために調べものをしてから折り返し電話をしなければならなかったの。
★ : Well, we'd better get going or we'll miss the start of the movie.	★ : まあ，もう行った方がいいな，じゃないと映画の始めを見逃しちゃうよ。
Question: Why was the woman late?	**質問：** なぜ女性は遅れたのですか。

1 仕事で忙しかった。　　　　　　　　**2** 電車に乗り遅れた。
3 友人と話していた。　　　　　　　　**4** 携帯電話を忘れた。

解説　女性の2回目の発言が聞き取れるかが正解への鍵。I was just about to leave when a client called. という発言から，遅刻したのは何かしらの仕事関係の理由だと推測できる。よって，**1**が正解。Did you miss the train? は男性の発言で，女性は何も応答していないことに注意しよう。

第 2 部　🔊))017〜032

No. 16 解答 3

Thanks everyone for coming to this year's holiday party. Each of you should have received a ticket when you came in. Please make sure to keep it with you. You can exchange it for a small gift later. There are also a lot of games and activities around the room. The food will be served buffet-style. I hope all of you will enjoy the party.

Question: What does the speaker say about the ticket?

皆様，今年のホリデーパーティーにお越しいただきありがとうございます。皆様それぞれが入場時にチケットを受け取られたことと思います。どうかなくさずにお持ちください。のちほど，ささやかなギフトと交換していただけます。また，部屋の中にはゲームや催し物も多くございます。食事はビュッフェ形式にてお出しします。どうか皆様パーティーをお楽しみください。

質問： 話し手はチケットについて何と言っていますか。

1 ゲームをするために必要である。　　　　**2** 食べ物と交換することができる。
3 プレゼントを受け取るのに使える。　　　**4** 客が部屋に入るのを許可する。

解説　You can exchange it (= ticket) for a small gift later. の1文が聞き取れるかがポイントとなる。「ささやかなギフトと交換できる」と言っているので，**3**が正解。exchange という単語につられて**2**を選ばないように注意が必要。放送文中にゲームの話題も挙がっているが，チケットとの関係には触れられていない。

No. 17 解答 4

Brett wanted to buy a special grill to use for cooking outside in the summer. However, he didn't have enough money to buy it. One day, he happened to learn that his neighbor Mary wanted it too but didn't have enough space for storing it. So, he asked her if they could buy one and share it. They split the cost and kept it at Brett's house.

Question: What was Brett's problem?

ブレットは夏に屋外で調理をするのに使う特別なグリルを買いたいと思っていた。しかし，彼はそれを買うのに十分なお金を持っていなかった。ある日，彼は近所に住むメアリーもそれが欲しいと思いながら，保管するスペースがないということをたまたま知った。それで，彼は彼女に2人でそれを買って共有するのはどうかと提案した。彼らは費用を半分ずつ負担し，それをブレットの家で保管した。

質問：ブレットの問題は何でしたか。

1 近所の人が屋外での調理について文句を言った。

2 調理道具の1つが壊れた。

3 グリルのための十分なスペースがなかった。

4 高額なものが欲しかった。

解説 丁寧に2人の状況を聞き分けることが大切。However, he didn't have enough money to buy it. の1文から，彼にはグリルの購入費用が足りないことがわかるが，購入の理由は「壊れたから」ではない。また，but didn't have enough space for storing it はメアリーの方で，苦情で関係がこじれているわけでもない。

No. 18 解答 3

Paul goes to work by bike. Since he gets sweaty, he uses the shower at the office and changes into clean clothes. However, he doesn't like to bring a change of clothes with him every day. He decided to drive to work once a week so that he can bring several sets of clothes with him and take all of his dirty clothes home. Now, he can travel light by bike.

Question: Why did Paul start driving to work?

ポールは自転車で通勤している。汗をかくので，会社でシャワーを使ってきれいな服に着替えている。しかし，毎日着替えを持っていきたくはない。彼はいくつか着替えのセットを持っていき，自分の汚れた服を全て家に持ち帰れるように，週に一度車で会社へ行くことに決めた。今では，彼は身軽に自転車で移動できる。

質問：ポールはなぜ車で会社に行き始めましたか。

1 1日中汗をかいているのは嫌だった。　　**2** 上司からそうするように頼まれた。

3 服を運びたかった。　　**4** 会社から遠く離れた場所へ引っ越した。

解説 so that he can bring several sets of clothes with him and take all of his dirty clothes home に手がかりがある。「衣服を運べるように」とあるので，正解は**3**。なぜ彼が衣服を運ぶ必要があるのかについては，直前に he doesn't like to bring a change of clothes with him every day とあり，論理的に明快である。

No. 19 解答 2

Olivia was interested in trying woodworking. She looked at video guides on the Internet for how to build things like tables and chairs. She needed a lot of tools but she didn't want to buy them while she was still a beginner. In the end, she decided to rent some tools for a small monthly fee. She has decided to buy the tools if she gets good at using them.

Question: What did Olivia do to prepare for woodworking?

オリビアは木工をやってみることに興味があった。インターネットの映像講座で，テーブルやいすなどの作り方を見た。多くの工具が必要だったが，まだ初心者のうちにそれらを買いたくはなかった。結局，彼女は少ない月額で工具を借りることに決めた。使い方が上達したら，工具を買うことに決めている。

質問：オリビアは木工の準備として何をしましたか。

1 店で工具を買った。

2 インターネットで手引きを見た。

3 テーブルといすを作った。

4 1カ月間部屋を借りた。

解説 選択肢が同意表現に置き換えられている問題。木工に興味を持った彼女が最初に取った行動は She looked at video guides on the Internet である。これを She viewed instructions online. と言い換えた **2** が正解である。工具の購入に関しては，情報が複雑なので，取り違えないように注意したい。

No. 20 解答 4

In Las Vegas, hotels are often destroyed and new ones are built. Many of the old hotels give their large, beautiful signs to an organization called the Neon Museum. This museum has an open space where they display old signs from throughout the years. Even though they are not considered fine art, many people have warm memories of these signs.

Question: Why does the Neon Museum have so many signs?

ラスベガスでは，ホテルはしばしば取り壊され，新しいものが建てられる。古いホテルの多くが，その大きくて美しい看板をネオン博物館と呼ばれる組織に贈呈する。この博物館には広いスペースがあり，そこには何年間にもわたり集められた古い看板が飾られている。美術品だとは考えられていないものの，これらの看板について心温ま　　　　　　　　　　も多い。

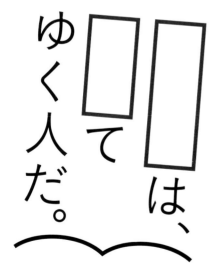

y of the old hotels give their large, beautiful signs
4 が正解だと判断できるだろう。museum の語から
に注意したい。

d Queen. If you have already ordered the game
tem pickup desk. Those who are going to pay by
ter. We should be ready in about twenty minutes.

credit card do?

るためにお越しくださり，ありがとうございます。すで
ドでお支払いを済まされているお客様は，商品受取カウ
は，通常の会計カウンターにお並びください。約20分後

人は，何をすべきですか。

2 商品受取カウンターに列を作る。

4 通常の会計カウンターへ行く。

em pickup desk という表現はそのままアナウンス内で述
は選べるだろう。アナウンスには pay by cash という対比

べられているの　　　　ことができ

表現もあり，**4**と混同しないように気をつけよう。なお，**1**や**3**に関する内容の言及はない。

No. 22 解答 1

Penny is learning how to play the guitar. Her lessons are going well, but she gets very worried when playing in front of large groups. She would like to get feedback from her musician friends, so she has decided to play only in front of one person at a time. So far, she has received a lot of helpful advice from them.

Question: What problem does Penny have?

ペニーはギターの弾き方を学んでいる。レッスンは順調だが，彼女は大勢の前で演奏しているととても不安になる。音楽家の友人たちから意見をもらいたいと考え，1回にたった1人ずつの前で演奏することに決めた。これまでのところ，彼らから多くの役立つアドバイスを受けている。

質問：ペニーにはどんな問題がありますか。

1 演奏するときに緊張する。　　　　　　**2** 助けてくれる友だちがいない。

3 レッスン費をこれ以上支払えない。　　**4** コンサートに人がほとんど来ない。

解説 she gets very worried when playing in front of large groupsなので，観客を1人に限定し有益なアドバイスを受け取っているとあり，**1**が正解となる。worriedがnervousとなっている点に気づけるかどうかもポイント。only in front of one person at a timeは本人の希望で，観客が来ないわけではない。

No. 23 解答 3

Honeypot ants are insects that can use their own bodies to store food. They have large stomachs that fill up like balloons with sweet liquid. They look like small candies when filled up. They can feed others in their colony using this food. While some of the ants work hard, others stay still, filled with food to feed them. These special ants are almost like living refrigerators.

Question: What is special about honeypot ants?

ミツツボアリは食べ物の保管に自身の体を使うことのできる昆虫だ。彼らは，甘い蜜で風船のようにいっぱいになる大きな胃袋を持っている。満腹のときには小さなあめ玉のように見える。この食べ物を使って群れのほかのアリへ食事を与えることができる。せっせと働くアリがいる一方で，彼らに食べ物を与えるために満腹の状態でじっとしているアリもいる。この特別なアリはまるで生きている冷蔵庫のようだ。

質問：ミツツボアリについて特別なことは何ですか。

1 あめ玉のような卵を産む。

2 風船のような形をした大きな巣を作る。

3 ほかのアリの体に蓄えられた食べ物を食べる。

4 ハチから蜜を盗む。

解説 体内にstore foodするlarge stomachsを持ち，They can feed othersということから，**3**が正解。feedが繰り返し出てくる点もヒントとなるが，放送文中の視点が蜜を与える側のアリにあるのに対して，正解の選択肢は蜜を分けてもらう周囲のアリからの視点に切り替わっているので，落ち着いて判断することが大切。

No. 24 解答 2

Hello everyone, thanks for coming to Neelan's Southern Kitchen today. I'm sorry for the delay, but it turns out our deep fryer is broken, so we can't cook anything for now. I'll be contacting the repairman, but it will probably take at least two hours to fix. I'd suggest you go to Sam's Fried Chicken down the road. We are sorry for the inconvenience.

Question: What will the listeners probably do next?

皆様こんにちは，本日はニーランズ・サザンキッチンへお越しいただき，ありがとうございます。遅れてしまい申し訳ございませんが，揚げ鍋が壊れていることが判明し，現在何も調理できません。修理工に連絡しますが，おそらく直るまでに少なくとも2時間はかかるでしょう。道の先のサムズ・フライドチキンに行かれることをお勧めいたします。ご迷惑をおかけし，申し訳ございません。

質問：聞き手はおそらく次に何をしますか。

1 台所用機器を修理する。　　　　　　　**2** 別のレストランで食事をする。

3 鍋を直す人に電話をかける。　　　　　**4** フライドチキンを調理する。

解説　初めに謝罪の理由などが述べられているが，終盤の発言のI'd suggest you go to Sam's Fried Chickenが聞き取れれば，正解は**2**だと判断できるだろう。内容からお客に対するアナウンスだと推測できるので，聞き手である「お客」が修理したり，修理を依頼したり，調理したりしないことは明らかである。

No. 25　解答　4

Harrison is trying to lose weight, but is having trouble giving up sweets. He is trying to reduce the amount of sweets that he eats by only eating desserts that he makes himself. By doing this, he knows exactly what ingredients are in his desserts and can reduce the amount of sugar and butter used. He has lost a little weight and also learned some cooking skills as well.

Question: What is one thing we learn about Harrison's diet?

ハリソンは体重を減らそうと努力しているが，甘いものをやめるのに苦労している。彼は自分自身で作るデザートだけを食べることで，口にする甘いものの量を減らそうとしている。そうすることで，自分のデザートに何の材料が使われているか正確にわかり，使われる砂糖やバターを減らすことができる。彼の体重はいくらか減り，また料理のスキルも身についた。

質問：ハリソンのダイエットについてわかることの1つは何ですか。

1 甘いものを食べることを一切やめようとしている。

2 1日おきにデザートを食べないようにしている。

3 夕食に少ない量の食べ物を作っている。

4 自分自身のために健康的な甘いものを作っている。

解説　丁寧に選択肢を吟味することが必要。by only eating desserts that he makes himselfが彼のダイエットの最大の秘訣であり，原材料を正確に知ることで減量に成功したと述べられている。従って正解は**4**。デザートを全く食べないとは言っていないし，少量の夕食を自炊しているわけでもない。

No. 26　解答　3

In the American state of Utah, there is an area called the Bonneville Salt Flats. This area is almost completely flat and covered with rock salt. This hard, flat surface is useful for people who try to set records for car speeds. Many world records have been set in Bonneville for things like rocket cars. This long-standing natural feature is better as a racing surface than any man-made structure.

Question: Why are the Bonneville Salt Flats good for racing cars?

アメリカのユタ州に，ボンネビル・ソルトフラッツと呼ばれるエリアがある。このエリアはほぼ完璧な平面になっていて，表面は岩塩で覆われている。この硬くて平らな表面は，車の速度で記録を作ろうとする人々にとって有益なのだ。ロケットカーなどの多くの世界記録がボンネビルで作られた。この長きにわたって存在する天然の地形はレース用の地面として，どんな人工構造物よりも優れている。

質問：ボンネビル・ソルトフラッツはなぜレーシングカーにとって良いのですか。

1 その目的のために作られた。　　　　　**2** 天気が晴れわたっている。

3 地面が平らである。　　　　　　　　　**4** 風がほとんどない。

冒頭の明快な説明が聞き取れるかがポイント。このエリアは almost completely flat and covered with rock salt で，その hard, flat surface が車の速度記録に適しているとあるので，正解は**3**。flat かつ hard ということは smooth と考えられる。この地盤は天然のもので，また地域の気候に関する言及はない。

No. 27 解答 2

Nick and Christy are dating but live far apart. It is hard for them to find time to talk and catch up with each other. In order to do something together, they have decided to cook the same meal together while talking on the phone. Since it's the same recipe, they can help each other at the same time. They're able to share a meal while living separately.

Question: What did Nick and Christy decide to do?

ニックとクリスティは付き合っているが，遠く離れて暮らしている。お互いの話をして近況を交換し合う時間を作るのが難しい。何かを一緒にするために，彼らは電話で話しながら一緒に同じ食事を料理することに決めた。レシピが同じなので，同時にお互いを助け合うことができる。離れて暮らしていながら，食事をともにすることができるのだ。

質問：ニックとクリスティは何をすることに決めましたか。

1 もっと頻繁に一緒に外食をする。 **2** 同時に一緒に何かをする。

3 必ず毎日話す。 **4** 同じ映画を観る。

解説 質問の decide to do と同じ表現が放送文中にあり，その聞き取りがポイントとなる。they have decided to cook the same meal together while talking on the phone とあるので，それを「同時に一緒に何かをする」と言い換えた**2**が正解である。それは2人が live far apart のため頻繁には会えないからで，毎日電話するとは言っていない。

No. 28 解答 1

Thank you for coming to our Author Interview series. We are going to start with our guest Rebecca Choi soon. After the interview, there will be an audience question and answer session. If you have a question, please write it down and drop it in the box at the back of the theater. We'll be selecting questions based on Rebecca's preferences, so try to keep questions relevant to the topics presented.

Question: How are the questions chosen?

作家へのインタビューシリーズにお越しいただき，ありがとうございます。まもなく，ゲストのレベッカ・チョイとともにスタートします。インタビューの後には，観客の皆様からの質問に答えてもらう時間がございます。質問がございましたら，紙に書いて劇場の後ろにある箱に入れてください。レベッカの好みに合わせて質問を選びますので，話されるトピックに関連のある質問をお寄せください。

質問：質問はどのように選ばれますか。

1 ゲストの決定に基づいて。 **2** 受け付けられた順番で。

3 司会者の好みによって。 **4** 順不同に。

解説 選択肢が紛らわしいので，取り違えないように注意しよう。放送文の最後に selecting questions based on Rebecca's preferences とあるので，Rebecca が guest だと理解できれば，正解の**1**にたどり着けるだろう。preferences に引っ張られて**3**を選ばないように。なお，**2**や**4**の order に関する言及はない。

No. 29 解答 3

The UK has four seasons. Spring is warm, but sometimes chilly in the morning and at night. Summer is not very hot, and the most pleasant time of year. Fall is cool and gray. Winter is not always cold, but often wet. Some people say that in fact there are four seasons in one day in the UK. It can be warm, cold and wet any day of the year.

Question: What do some people say about the weather in the UK?

イギリスには四季がある。春は暖かいが，時に朝晩は冷え込む。夏はそれほど暑くなく，1年で最も心地良い時期である。秋は肌寒く，どんよりしている。冬は常に寒いというわけではないが，しばしば雨が降る。イギリスには実際は1日のうちに4つの季節がある，と言う人もいる。1年のうちどの日も，暖かかったり寒かったり，雨が降ったりするのだ。

質問：ある人たちはイギリスの天気について何と言っていますか。

1 夏はいつもとても暑い。

2 秋が最も良い季節だ。

3 1年中よく変わる。

4 長い雨季がある。

解説 放送文後半のSome people say that ...からの2文が正しく理解できれば，選択肢の**3**が正解だと判断できる。つまり，1年中1日の内に何回も天候が変わるということ。放送文では，それぞれの季節の具体的な様子も述べられているが，ほかの選択肢はいずれも放送文の内容とは異なる。

No. 30 解答 2

Cathy provides private lessons for people learning French, but she wanted to try teaching classes. She didn't have enough space in her home but discovered that a local French café had an extra room she could use. They allow her to use the space if her students buy drinks. The situation also helps Cathy find students. Since people there are interested in French culture, many have joined her class.

Question: What is one thing we learn about the café?

キャシーはフランス語を学ぶ人に個人レッスンを提供しているが，集団のクラスを教えてみたいと考えた。自分の家には十分なスペースはなかったが，地域のフランス風カフェに利用できる予備の部屋があるのを見つけた。生徒が飲み物を買うのを条件に，スペースを使わせてもらえる。この状況はキャシーが生徒を見つけるのにも役立っている。そこにいる人々はフランスの文化に興味があるため，多くが彼女のクラスに参加したのだ。

質問：カフェについてわかることの1つは何ですか。

1 キャシーの親族が所有している。

2 客の何人かが生徒になった。

3 生徒には無料の飲み物が提供される。

4 貸室がたくさんある。

解説 最後の2文の聞き取りが正解につながるポイント。フランス文化に興味のあるカフェの客が彼女の生徒になったとあり，正解は**2**。部屋を貸す条件としてif her students buy drinksとあるので，無料ではない。また，貸室がたくさんあるとは述べられていない。

筆記試験
解答と解説

問題編 p.33〜43

筆記

1

問題	1	2	3	4	5	6	7	8	9	10	11	12	13	14	15	16	17
解答	3	1	3	2	3	4	2	2	3	1	3	4	3	1	4	4	4

2

		A		B		
問題	18	19	20	21	22	23
解答	4	3	3	4	1	2

3

		A			B		
問題	24	25	26	27	28	29	30	31
解答	1	2	4	3	1	1	3	4

4 解答例参照

5 解答例参照

1

(1) 解答 **3**

「新聞によれば, 新たに開発されたロケットは昨日種子島宇宙センターから打ち上げることに成功したそうだ」

解説　rocketがsuccessfullyにということなのでlaunch「(ロケットなど)を発射する, 打ち上げる」が正解。adapt「〜を適合させる」, ruin「〜をだめにする」, promote「〜を促進する」。

(2) 解答 **1**

「ジェシカは彼女のボーイフレンドと連絡を取ろうとし続けているのだが, 彼女がいつ電話をかけても, 彼はめったに出ることがない」

解説　hardly ever「めったに〜しない」。大問1では空所に入るべき語とその前後の語との組み合わせも重要な着目ポイント。接続詞butから話の流れを把握することも大切。specially「特に, わざわざ」, repeatedly「繰り返して」, nearly「ほとんど」。

(3) 解答 **3**

A「ジェイソン, 会議の最初にスピーチをしてもらえないかしら?」
B「喜んで。そんな大きな場所で話すことができるなんて光栄ですよ」

解説　honor「光栄, 栄誉」。問題文のように不定詞と組み合わせて「〜する栄誉」とする用例が多い。AのI wonder if you could ... は丁寧な依頼。appeal「訴え, 要求」, effort「努力」, award「賞」。

(4) 解答 **2**

A「私の名前はタナカケンです。予約を確認したいのですが」
B「かしこまりました, タナカ様。もう一度, 日程を教えていただけますか」

解説　my reservation「私の予約」とのつながりと, Could you just tell me the date again ...?から判断する。confirm「〜を確認する」が正解。book「〜を予約する」, cover「〜を覆う」, offer「〜を申し出る」。

(5) 解答 **3**

「ベティは完璧な大学生活を長い間夢見ているので, 入学の志願をする前に, 自分の行きたい大学を訪れてみようと考えている」

解説　admissionの基本的な意味は「入るのを許可すること」で, ここでは「入学」の意味。apply for 〜「〜に申し込む, 志願する」も併せて覚えておこう。possibility「可能性」, direction「方向, 指示」, information「情報」。

24

(6) 解答 **4**

「キャリアガイダンスの質を上げるため，その大学は，いろいろな職業で働く人々がどれだけのストレスを受けているか調査を行った」

解説 suffer「(苦痛・損害など) を経験する，被る」。この場合のsufferは他動詞で，stress「ストレス」が目的語であることがポイント。support「〜を支える」，refuse「〜を断る」，charge「〜を請求する，課す」。

(7) 解答 **2**

「ケリーがハズブロ病院に電話したとき，受付係は来月まで彼女にジョンソン医師の予約を取ることができなかった。彼女は別の病院をあたってみなければならなかった」

解説 2文目で別の病院を探す必要があったとあるので，電話で病院のappointment「予約」が取れなかったと考えられる。occasion「機会，好機」，interest「興味，関心」，advantage「優位，好都合」。

(8) 解答 **2**

「ルーシーはあまりに内気で1人ではどこにも行けないので，ダンスパーティーに一緒についてきてくれる人を探している」

解説 shy「内気な」がキーワード。1人ではdance「ダンスパーティー」に行くことができないので，someone to accompany her「彼女と一緒に行く人」を求めている。suggest「〜を示唆する」，allow「〜を許す」，recognize「〜を認識する」。

(9) 解答 **3**

「オリバーはその講演にかなり遅れていたので，タクシーに乗ることに決めた。驚いたことに，駅で利用できるタクシーが1台もなかった」

解説 乗りたかったタクシーが1台もなくて驚いたわけなので，空所には「乗れる，利用できる」の意味の後置修飾の形容詞が来ると判断できる。よって，後ろから直前の名詞を修飾するavailable「利用できる」が正解。useful「役立つ，有益な」，convenient「便利な」，flexible「柔軟性のある」。

(10) 解答 **1**

A「学校の野球チームはすごいね！ 君たちはどうしてそんなに上手になったの？」

B「1つの要因は僕らが受けている指導だと思う。コーチたちが僕たちをすごく助けてくれているんだ」

解説 上手になった方法を聞かれて答えているので，

factor「要素，要因」が正解。position「位置，立場，態度，見解」，objective「目的，目標」，compliment「ほめ言葉，お世辞」。

(11) 解答 **4**

「その新婚の夫婦は交代で料理をする約束をしたが，夫はそのすぐ後に約束を破った」

解説 turnを「順番」という名詞として用い，take turns at doingで「交代で〜する」の意味。break a promiseは「約束を破る」。attempt「試み，企て」，rule「規則」，order「順序，順番」。

(12) 解答 **3**

「その会社の驚くべき収益の伸びは，新しい事業戦略と他企業との提携のおかげであるということを誰もが認めている」

解説 the company's remarkable increase in profits「その会社の驚くべき収益の伸び」と their new business strategy「新しい事業戦略」を結びつけるのは，due to 〜「〜のおかげで」。be filled with 〜「〜でいっぱいである」，be worthy of 〜「〜に値する」，prior to 〜「〜に先立って」。

(13) 解答 **4**

「そのプロジェクトが全く不可能だとは言わないが，承認されることはまずないと考えた方がいいだろう」

解説 out of the question「考えられない，問題外の，不可能な」。but以降の節から，発言者がプロジェクトを評価していないことがわかる。had ['d] better do「〜しなくてはいけない，〜した方がいい」，〈consider + that節〉「〜とみなす」も重要。under construction「建設中」，in a hurry「急いで」，with ease「容易に」。

(14) 解答 **1**

「ジェーンは2週間入院していたので，彼女は学校で欠席した全ての授業での学習に追いつくのに一生懸命勉強しなければならなかった」

解説 catch up with 〜「〜に追いつく」。2つの節を結ぶ接続詞so「それで，だから」が表す文の流れに着目する。classworkが「授業での勉強，学習」を表している点も重要だ。end up with 〜「〜で終わる」，come up with 〜「〜を思いつく」，put up with 〜「〜を我慢する」。

(15) 解答 **4**

A「もしもし，キャシー。ティムだよ。ちょっと話せる

かな？」

B「実は，だめなの，今仕事中なのよ。終わったら後で電話をかけ直すわ」

解説 空所の後ろの発言も踏まえて，わずかな時間も電話に出られない状況を考えれば，on duty「勤務時間中で」が適切。at a loss「途方に暮れて」，on account「後払いで」，in time「遅れずに」。

(16) 解答 4

「その会社は，高収入で財産を所有している20代から50代の働く女性500人に対し，インタビュー調査を実施した」

解説 carry out ～「～を成し遂げる，実行する，遂行する」。動詞carry「（物事）を運ぶ」＋副詞out「最後まで，完全に」の句動詞。survey「調査」も覚えておきたい。stand for ～「～に耐える，～の意味を表す」，come across ～「～を偶然見つける」，break into ～「～へ（不法に）押し入る」。

(17) 解答 4

A「これらの化学薬品はかなり安価ですが，環境に害があります。これらを排除しようと努めるべきです」

B「君の言う通りだ。代用品を探すことに集中しよう」

解説 害があるので，代用品を探すということは，この薬を do away with ～「～を排除する」と考えられる。get used to ～「～に慣れる」，take a look at ～「～を見る，調べる」，make up to ～「（人）に埋め合わせをする」。

2A

全訳

電子鼻

機械がどのようにして外界についての情報を得るのかを考える場合，たいてい視覚について思いめぐらすものだ。ロボットやそのほかの機械はしばしば，カメラを使用してデータを解釈する。これは通常うまく機能している。たとえそうでも，嗅覚を含め，外界で起こっていることを感知する方法は，もっとある。奇妙に思われるかもしれないが，機械に嗅覚を与えることも役立つ可能性がある。実際，現在使用されている「電子鼻」がすでに存在する。この電子鼻は空気中を漂うごく少量の化学物質を感知し，人間が感知可能なにおいと一致させる。

電子鼻の用途の1つは，人間の代わりに不快なにおいを感知することにある。肉を検査して腐っていないか確かめることができる。機械がカメラを使用して腐った肉を感知するのは効果的ではないだろうが，鼻はこの作業にはおあつらえ向きである。また，電子鼻は公共の建物に設置して屋内が汚れているかどうかを突きとめることもできる。もし屋内が汚れていた場合，スタッフは誰かがにおいについて苦情を言うのを待つ代わりに，速やかに清掃チームを派遣することができるのだ。

また，この技術は医療目的でも使用できる。そのような場合，電子鼻は人間がふだん感知可能なものを感知するのに使用されるのではないだろう。そうではなく，感知するのがずっと困難なもののにおいを感知するのに使用されるだろう。例えば，患者の息のにおいを感知することで，電子鼻は人が何かの病気にかかっている際に生み出される化学物質を感知することができる。犬も同じような目的で使用されてきたが，信頼性にはずっと欠け，訓練を要する。

(18) 解答 4

解説 空所の前後で，取り上げられている感覚が vision / camera「視覚」から smell「嗅覚」に変わっている点に注目。よって，空所には逆接的な意味の表現が入ると予想され，4の Even so「たとえそうでも」が正解。1「この理由から」，2「少なくとも」，3「いつものように」。

(19) 解答 3

解説 空所の英文冒頭の If so は，直前の文の if a room is dirty を指している。つまり，清掃チームの派遣要請を必要とする程施設の屋内が汚れていた場合，人々が取る行動としては，3の「においについて苦情を言う」のが通常と考えられる。1「彼らに電話して洗濯しに来てもらう」，2「彼らの作業に対してお金を支払う」，4「毎日ベッドメイキングをする」。

(20) 解答 3

解説 空所の文頭の Instead および前文の内容から，空所には「人間がふだん感知できないもの」に使われるという趣旨の表現が入ると予測され，3が正解だと

判断できる。**1**「新しい研究に基づいている」，**2**「過去にはもっと使用された」，**4**「人間のために特別に作

られた」。

全訳

菜食主義

　歴史上多くの人々が食用に動物を殺さないことを望んできた。レオナルド・ダ・ビンチ，ベンジャミン・フランクリン，レオ・トルストイ，そしてポール・マッカートニーは皆，肉を食べることをやめたのである。肉を摂取しない習慣を菜食主義と言う。宗教的な理由から菜食主義者になる人もいれば，健康上の問題や，さらに単に肉の味が好きではないという人もいる。最近では，動物に同情するますます多くの人が菜食主義へと変わりつつある。

　菜食主義にはさまざまなタイプがある。例えば，乳製品，卵，魚を食べ続け，単に赤肉だけを排除する菜食主義者もいれば，一方でビーガンのように食事から全ての動物性由来製品を避ける人もいる。彼らは豆類からタンパク質をとる。ほかの多くの人にとって，果物と野菜だけを食べ，肉や魚を食べることを減らすという考えは，ほとんど不可能に思える。**それにもかかわらず**，菜食主義用の料理に関する市場は成長している。

　今日では，ますます多くの菜食主義レストランが開店している。多くの若者は単にそれがどんな感じかを知るために，短期間だけ「菜食主義者になって」いる。彼らの多くは，自分が食べるものにより注意を払い，そのことで気分が良くなると言う。かつてマーク・トウェインは「健康を保つ唯一の方法は欲しくないものを食べ，好きではないものを飲み，むしろしたくないことをすることだ」と言った。今や状況は変わった。体に

いいものがまずかったり，手間がかかりすぎて準備できないということはもはやなくなったのである。レストランへ行き，おいしい菜食主義料理を楽しむことで，食事を改善することができるのだ。

(21) 　解答　**4**

　解説　空所の１文が前文の具体例だとわかれば，正解の**4**「食べることをやめた」はすぐに選べるだろう。「食用に動物を殺さない」→「肉を食べない」という発想である。**1**「もっとたくさん得ようとした」，**2**「〜に対する愛を宣言した」，**3**「〜のために動物を狩猟した」。

(22) 　解答　**1**

　解説　空所の前後に注目。直前で，厳格な意味での菜食主義はほかの多くの人にとってalmost impossibleだろうとしながらも，直後には菜食主義料理市場はgrowingだとある。よって，空所には逆接的な意味の**1**「それにもかかわらず」が適切。**2**「それゆえに」，**3**「ある意味で」，**4**「その上」。

(23) 　解答　**2**

　解説　空所の直前の２文が正解へのポイント。マーク・トウェインの引用とは状況が変わったということなので，引用とは逆の内容が正解となる。つまり，体にいいものが必ずしもまずくないわけで，**2**「もはや〜ない」が正解。**1**「今日もまだ必要である」，**3**「変化してきている」，**4**「今では〜とみなされている」。

全訳

差出人：ジェラルド・リンデン
<j_linden@peoplesestate.com>
受取人：レイチェル・バー
<r_burr@peoplesestate.com>
日付：3月17日

件名：ジョンソン氏について
レイチェル，
　今日ジョンソン氏について得た情報をあなたに伝えたかったのです。ジョンソン氏はわが社の新しい顧客で，レインボー地区で住むための場所を探しています。彼には妻と２人の子どもがいます。ジョンソン氏は来

週からタリス・タウンで働くので，車で30分未満で仕事に行けるよう職場の近くの場所を望んでいます。アパートでも一戸建てでも構わないとのことです。

　ジョンソン氏は木曜日の午後2時に訪ねてくる予定ですが，残念ながら，私は明日から2日間オフィスにいません。私の代わりを引き受けてもらえないでしょうか。もしあなたに時間がないようであれば，ダニーに電話して手助けを求めてくれますか。

　ジョンソン氏がやってきたときにあなたが見せることができるよう，いくつかの家をすでに選び出してあります。そのうちの1軒は，パーク・アベニューにあります。新築の家で，地下室を含め部屋数が多くあります。しかし，駐車スペースは1台分しかありません。ほかの2つの候補には2台以上の駐車スペースがありますが，タリス・タウンからはより遠く離れています。これらの家は全て学校と公園に近く，大通りや工場から離れています。まさに彼が要望した通りの静かな地域にありますから，この中に彼が気に入る物件があると思います。

よろしく

ジェラルド

(24)　解答　1

「ジョンソン氏はどんな種類の住宅を探しているか」

1 タリス・タウンへの通勤距離がほどよい場所。

2 4つの部屋と望ましくは地下室のある大きな家。

3 レインボー地区のすぐ外側のアパートもしくは一戸建て。

4 2台の車が収まる車庫のある住居。

解説　第1段落第4文から正解が**1**だとわかる。（本文）less than 30 minutes→（正解文）a reasonable commuting distanceという具体的→大まかな表現という書き換えに慣れておきたい。

(25)　解答　2

「ジェラルドがレイチェルに頼んでいるのは」

1 彼が会議を開く場所に来てもらうことだ。

2 木曜日にジョンソン氏にいくつか家を見せることだ。

3 ジョンソン氏のためにほかの適した住宅の候補を見つけ出すことだ。

4 メールを読み次第，今日彼に折り返し電話をすることだ。

解説　第2段落第2文 I hope you can take my place. と第3段落第1文 some houses that you can show Mr. Johnson が決め手。ジェラルドは木曜日に不在の自分の代わりに顧客であるジョンソン氏に不動産の紹介をしてほしいと頼んでいるわけで，**2**が正解。

(26)　解答　4

「ジェラルドが選んだ家に共通するものは何か」

1 それらは全てパーク・アベニューにあり，学校と公園に近い。

2 それらは全て現在のジョンソン氏の家の近くにある。

3 それらには全て2台以上の駐車スペースがある。

4 それらは全てレインボー地区の静かな地域にある。

解説　第3段落後半部にジェラルドが選んだ3軒の家に関する情報が書かれている。第6文と第7文の All of the houses are ... They are in a quiet community から正解が**4**だとわかる。これらの家が Rainbow District にあるとここでは言明されていないが，第1段落第2文の Mr. Johnson ... is looking for a place to live in the Rainbow District. から判断できる。

3B

全訳

記憶力を向上させること

　科学者たちは，記憶力を向上させるためのいろいろな方法を数多く発見してきている。2019年1月に，日本の研究者のチームがヒスタミンを活性化させる薬を服用することによって人々の長期記憶が向上する可能性を明らかにした。この薬は勉強への手助けを探す学生にとっては魅力的に聞こえるかもしれないが，研究者たちは，医師の指示なしでその薬を服用すべきではないと警告している。また，その薬は新しいことを学ぶという点については検証されていないのだ。

　記憶力を向上させるための実行しやすい方法としては，10年以上前にマンチェスター・メトロポリタン大学のアンドリュー・パーカー博士が，目を動かすことが記憶に良い影響を与えるということを立証した。2007年に，彼は再認記憶を検査する実験を考案した。再認記憶とは以前遭遇したものについて認識する能力である。例えば，たまたま街中ですれ違ったときに友人の顔に気づくことができる。再認記憶の概念はよく再生記憶，つまり過去に経験した何かを思い出す能力，

と比較される。例えば，この能力は「昨日何を食べましたか」という質問に答えることを可能にする。

　この実験で，パーカー博士は102人の学生に男性の声が15単語のグループを読み上げるのを聞かせた。単語を聞いた後に，彼は学生を3つの別々のグループに分けた。最初のグループは，目を左右に動かすように言われた。2番目のグループは，目を上下に動かすように言われた。3番目のグループは，どうしろとも言われなかった。彼はそれから学生に単語のリストを与え，読み上げられていたものに印を付けるよう頼んだ。リストにはたくさんの「おとり」単語が含まれていた。それは読まれなかったが，実際に読まれた単語から容易に連想されるような単語だった。

　結果は印象的だった。ほかと比べて，最初のグループが正しい単語を覚えていたことについての結果は平均で10％良く，誤って「おとり」単語を選んでしまったことについての結果は平均で15％低かった。これは，彼らがリスト上の関連語に，はるかにだまされにくいことを意味した。目を平行に動かすことは記憶力を向上させたい人にとって簡単な方法になり得るかもしれない。

(27) 解答 3

「日本の研究者たちは何について警告しているか」

1 睡眠薬を使うことで記憶力を向上させるより簡単な方法を探すことについて。

2 医者の助言なしに脳の病気を治す方法を見つけることについて。

3 学習するのを助けるために医者から与えられていない薬物を使用することについて。

4 学校での記憶試験に合格するために勉強に集中しすぎることについて。

解説　第1段落第3文の後半に，ずばり the researchers warned that ... とあり，**3**が正解だとわかる。薬の効果を都合よく自分で判断して，医師の指示がないままに服用することが危険だと警告しているわけである。

(28) 解答 1

「『再認記憶』は，」

1 以前経験した何かに遭遇したときに使われる。

2 パーカー博士が10年前に実施した調査で定義しようとした専門用語だ。

3 過去に読んだものの内容を思い出すための記憶の種類だ。

4 再生記憶よりも正確な種類の記憶と考えられている。

解説　第2段落第2文後半のwhich以降でrecognition

memoryとは何かを説明しており，ここから正解は**1**だとわかる。**3**は再生記憶の説明で，**4**は両者の記憶に言及はあるものの，その正確さについては述べられていない。

(29) 解答 1

「実験中に学生は」

1 たった今聞いた単語とそうでないものを見分けた。

2 異なった単語のグループを読み上げるよう頼まれ，それらを正確に覚えた。

3 話者の声を聞きながら目をいろいろな方向に動かさなければならなかった。

4 聞いた単語に基づいてグループに分けられた。

解説　第3段落に実験の手順が説明してあり，第6文から正解は**1**だとわかる。ただし，選択肢が紛らわしいので十分に吟味したい。**2**「学生は単語を読み上げ」てはおらず，**3**「学生は単語を聞きながら目を動かした」わけではない。また，**4**「聞いた単語に基づいたグループ分け」はしていない。

(30) 解答 3

「1つのグループは，何において10％良かったのか」

1 リスト内のほかの単語の中から「おとり」単語に気づくこと。

2 リストを確認している間に目を単語から単語へ動かすこと。

3 以前読み上げられた正しい単語に印を付けること。

4 リスト上の単語の正しいつづりを覚えること。

解説　第4段落第2文の前半に，第1グループの正しい単語を覚えていた結果が平均10％良かったとあり，正解は**3**。**1**は「おとり」単語を選んでしまった結果への言及はあるが10％良かったのではなく，**2**は「目を動かす」のはリスト確認時ではない。**4**は「正しいつづりを覚えること」は求められてはいない。

(31) 解答 4

「以下の記述のうち正しいものはどれか」

1 日本の医者のチームが人々の再認記憶を向上させるための薬を開発した。

2 パーカー博士は再生記憶と再認記憶の関係を明らかにした。

3 目を垂直方向に動かすと学生たちは虚偽の情報にだまされにくくなる。

4 目の物理的な動きで記憶力を高めることができるという方法を調査が示した。

解説　第2段落第1文から**4**が正解。本文中のeye

movement を physical movement of the eyes と言い換えている。また，各段落の内容が理解できていれば，消去法でも正解の **4** にたどり着ける。**1** は薬の効用の可能性を示しただけで，開発はしていない。**2** に関する言及はなく，博士は再認記憶の実験をしたにすぎない。**3** は垂直方向が誤り。

4

問題の訳

　本を読む際に，多くの人は紙に印刷された本を読むことを好むが，中にはタブレットやスマートフォンのような機器を使って読む方を好む人もいる。別の選択肢もある。本を聞くことを好む人もおり，それらはオーディオブックとして知られている。

　なぜ人々はオーディオブックを選ぶのだろうか。オーディオブックを聞きながら，ジムで運動をするなど別のことができるという点を好む人もいれば，本を読む必要がないので，しばらくの間目を休めることができるから好んでいるという人もいる。

　その一方で，オーディオブックは通常の本のように印刷されるのではなく音声を録音する必要があるので，高価になり得る。また，例えば突然の音などで気を散らされると，自分がどこまで読んだのかわからなくなるかもしれない。再生したい箇所を探し当てるのに時間がかかることもあるので，こうしたことは問題となり得る。

解答例

Some people enjoy listening to books known as audiobooks. Audiobooks have several good points. For example, they allow activities like exercising while listening. Additionally, they provide rest for the eyes. However, there are downsides, such as high costs or difficulty in finding the part to play back. (47語)

解答例の訳

オーディオブックとして知られている本を聞くのを楽しむ人がいる。オーディオブックにはいくつかの利点がある。例えば，オーディオブックは聞きながら運動するというような活動を可能にする。さらに，目に休息を与える。しかし，コストが高かったり再生する箇所を見つけるのが難しかったりするなど，欠点もある。

解説　まず，問題文が3つの段落から構成されていることを確認しよう。第1段落で「読書のさまざまな形態」について紹介した後，第2段落で「オーディオブックの長所」をいくつか挙げ，第3段落では「オーディオブックの短所」について言及している。これらから，この文章全体のテーマが「オーディオブック」であることがわかる。

　第1段落では，まず，many people ... / Others ... という表現を用いて読書の形態を2つ紹介した上で，さらに another choice として最後にトピックの「オーディオブック」を取り上げている。

　第2段落でも，Some people ... / Other people ... を用いた同様の構成になっていることに注目しよう。この段落のトピックは第1文にあるように「なぜ人々はオーディオブックを選ぶのか」という疑問であり，その理由が長所として2つ述べられている。

　第3段落では，冒頭の On the other hand という表現に注目。これは「その一方で」という逆接・対比を表すつなぎ言葉で，この表現から，この第3段落では第2段落とは逆に「オーディオブックの短所」が書かれていると予測できる。さらに，段落途中に Also という語があることから，その前後に2つの事柄が書かれていると読み取れる。

　要約問題は，「内容・構成・語彙・文法」という4つの観点で採点され，解答がこれらの観点に基づいて適切に作成されているかが判断される。「内容」の観点では，「トピックの導入」「オーディオブックの長所」「オーディオブックの短所」を必ず含めるようにしよう。「構成」の観点では，限られた語数の中で論理展開をスムーズにするために，For example や Additionally, However などのつなぎ言葉を用いることがポイント。目安の語数に収めるためには，適切な「語彙」の選択もカギとなる。解答例では，第2段落，第3段落の要旨を，それぞれ

Audiobooks have several good points. や there are downsides と抽象化して表現している。また，「目に休息を与える」の意味で provide ・ for ...のフレーズを用いて工夫している。解答例の第3文 they allow activities は they enable activities や they make it possible to do activities などで言い換えることもできるだろう。また，downsides「否定的側面，欠点」という語が思い浮かばなくても，weak points や disadvantages などと書いてもよい。スペルミスのほか，単複の一致などにも注意しよう。

5

問題の訳

TOPIC：今日，一部の幼稚園では幼児に英語を教え始めています。幼稚園で幼児に英語を教えることは良い考えだと思いますか。

POINTS：職業，経歴・日本語・有効性

解答例①

I think it is a good idea that kindergartens teach English to their children. First, it takes a long time to learn a foreign language, so it is better to start English education early. Since small children can learn languages more easily than older children, English education should be more effective at a young age. Second, being able to speak English can help children in their future careers. Now we live in a global society, and English language skills are becoming more and more important. These are the reasons I think that English should be taught to children in kindergartens. (100語)

解答例①の訳

幼稚園が幼児に英語を教えるのは良い考えだと思います。第一に，外国語を習得するには長い時間がかかるので，英語教育を早く始めた方が良いです。小さい子どもは成長した子どもと比べてより容易に言語を学ぶことができるので，英語教育は若い年齢の方が効果的なはずです。第二に，英語を話せるということは，幼児の将来の職業において役に立ちます。今，私たちはグローバル社会に生きていて，英語力はますます重要になってきています。これらが，英語は幼稚園で幼児に教えられるべきだと考える理由です。

解説 解答例①は，POINTS の Career と Effectiveness の形容詞形 effective を用いて，「幼稚園では英語を教えるべきだ」という Yes の立場で意見を述べている。第1文で Yes の立場を明らかにした後，First, ...「第一に…」，Second, ...「第二に…」を使って幼稚園で英語を教える利点を2つ述べている。結論では，These are the reasons I think that ...「これらが私が…と考える理由である」を用い，TOPIC とは異なる表現を使って文章を締めくくっている。

幼稚園で英語を教える利点としてほかに，「年齢が低いときに英語に触れると外国語や異文化への興味が自然に持てる」，「幼いときから英語をやった方が発音や語句の結びつきが身につきやすい」などの意見が考えられるだろう。

なお，解答例①第5文で用いられている be becoming [getting] more (and more) ～「（主語は）ますます～になっている」という表現をぜひこの機会に確認しておこう。be getting more and more popular「ますます人気が高まっている」など，いろいろと使える表現だ。また，確信が持てない意見を述べる場合，「推量を表す助動詞」を用いるのも有効だ。解答例①第3文の should「～のはずだ」のほか，must「～にちがいない」，might「～かもしれない，～する可能性がある」などの助動詞を復習しておこう。

I do not think it is a good idea to teach English to children in kindergartens. There are two reasons why I feel this way. First, they are still in the middle of the process of acquiring their native language, Japanese. It is very important for them to use Japanese as much as possible at their age. Second, teachers in kindergartens already have a lot of things to think about and prepare for. Adding teaching English to their tasks would make the situation for the teachers worse. For those reasons, kindergartens should not teach English to children.（97語）

幼稚園で幼児に英語を教えることが良い考えだとは思いません。なぜこのように感じるか，理由は2つあります。第一に，幼児たちはまだ母国語である日本語を習得している段階の途中にいます。彼らの年齢においては，なるべく多くの日本語を使うことがとても重要です。第二に，幼稚園の先生はすでに多くの考えるべきことや準備すべきことを抱えています。彼らの仕事に英語を教えることを加えることは，先生の状況を悪化させるでしょう。これらの理由により，幼稚園は幼児に英語を教えるべきではありません。

解説　解答例②では，POINTSのJapanese languageに焦点を当てて，「英語よりもまずは母国語の日本語の習得に力を入れるべきだ」とする立場に立って，「幼稚園では英語を教えるべきではない」というNoの立場でまとめている。さらに2つ目の理由として，POINTSにはないが「幼稚園の先生の負担増」という観点から否定の意見を述べている。解答例②でも第1文でNoの立場を明らかにした後，First, ...「第一に…」，Second, ...「第二に…」を使って理由を2つ挙げ，結論では，For those reasons, kindergartens should not ...「これらの理由により，幼稚園は…すべきではない」とTOPICとは異なる表現を使って文章を締めくくっている。

　Noの立場としてはほかに，「英語よりもほかに学ぶべきことがある」や，「英語の習得は必要な人だけやればよい」などの意見も考えられる。

リスニングテスト
解答と解説

問題編 p.47～51

リスニング

第1部	問題	1	2	3	4	5	6	7	8	9	10	11	12	13	14	15
	解答	4	4	1	1	1	2	2	4	2	3	3	2	3	2	2

第2部	問題	16	17	18	19	20	21	22	23	24	25	26	27	28	29	30
	解答	2	3	4	1	2	3	2	3	3	3	2	2	3	2	2

第1部 🔊 033～048

No. 1　解答　4

☆: Neil, I just got a phone call from Anna. She says she's running late. She overslept and missed her train.

★: Oh, really? We'd better wait for her.

☆: But the movie starts in five minutes. We'll miss it if we wait.

★: I guess you're right. Let's go ahead without her.

Question: What will the man and woman do next?

☆: ニール，たった今，アンナから電話があったの。彼女遅れるんですって。寝坊して電車を逃したのよ。

★: え，本当に？　彼女を待った方がいいよね。

☆: でも，あと5分で映画が始まるのよ。待っていると，映画に間に合わないわ。

★: その通りだね。彼女抜きで先に行こう。

質問: 男性と女性は次にどうしますか。

1 アンナに電話をするように頼む。　　**2** アンナにいつ映画が始まるかを教える。
3 あと5分待つ。　　**4** 映画を見に行く。

解説　冒頭の2人のやりとりにある late や overslept，wait などから，遅刻した仲間を待っている状況だと推測される。最後に女性が We'll miss it if we wait. と言ったことを受けて，男性が Let's go ahead without her. とまとめていることから，2人は遅れた仲間を待たずに先に行くと判断できる。よって**4**が正解。

No. 2　解答　4

★: How was your vacation?

☆: Well, I was looking forward to going hiking and surfing but it rained almost every day.

★: Oh, that's a shame.

☆: Yeah, there was an indoor swimming pool at the hotel but it was closed, so I spent most of my time shopping and eating. Now I've put on weight and have no money!

Question: Why was the woman not happy about her holiday?

★: 休暇はどうだった？

☆: それが，ハイキングとサーフィンに行くのを楽しみにしていたんだけど，ほとんど毎日雨だったの。

★: ああ，それは残念だね。

☆: そうなのよ，ホテルに室内プールがあったんだけど閉まっていたから，ほとんど買い物と食事をして過ごしたの。今じゃ，体重が増えちゃって，おまけに一文なし！

質問: なぜ女性は休暇に満足しなかったのですか。

1 プールを見つけられなかった。 **2** 買い物に行く時間がなかった。

3 財布を失くした。 **4** 屋外活動を何も楽しめなかった。

解説 女性の発言にある it rained almost every day と so I spent most of my time shopping and eating の聞き取りが正解への鍵。アウトドアスポーツを楽しみにしていた女性が，雨のせいでほぼ毎日室内で過ごす羽目になったことがわかる。正解は **4**。pool や shopping などの表現に惑わされないように注意。

No. 3 　解答 **1**

★：Hi Mom. I'm home.

☆：Where have you been, Alex? I've been worried about you! Why didn't you come back by dinner time?

★：Sorry, I was with John playing soccer. I forgot about dinner, so I had some pizza before I came home.

☆：That's not the problem. It's already nine o'clock! Go to your room! It's about time you concentrated on your studies!

Question: Why is the woman angry at her son?

★：お母さん，ただいま。

☆：どこに行っていたの，アレックス？　心配していたのよ！　どうして夕飯までに帰ってこなかったの？

★：ごめん，ジョンとサッカーをやっていたんだ。夕飯のことを忘れていて，家に帰る前にピザを食べたんだ。

☆：それは問題じゃないわ。もう9時よ！　自分の部屋へ行きなさい！　もう勉強に集中する時間よ！

質問：なぜ女性は息子に怒っているのですか。

1 彼が遅くまで外出していた。 **2** 彼が9時以降もサッカーをし続けていた。

3 彼が宿題を学校に忘れてきた。 **4** 彼が夕飯を作るのを忘れた。

解説 冒頭の Where have you been, Alex? や I've been worried about you! などの表現から，帰宅した子どもを母親が叱っていることがわかる。言い訳をする子どもに対して，母親が最後の発言で That's not the problem. It's already nine o'clock! と言っていることから，帰宅時間が遅かったことを怒っていると判断できる。正解は **1**。

No. 4 　解答 **1**

☆：Hi honey, do you want any help cooking dinner tonight?

★：No, it's a pretty simple recipe tonight. I can do it myself.

☆：OK, then I'll clean up our bedroom or do the laundry so I can make myself useful.

★：Actually, the most useful thing you could do right now is the dishes since I'll need the space to put some pots and pans in the sink.

Question: What does the man want the woman to do?

☆：ねえあなた，今夜は夕食を作るのに手伝いが必要？

★：いや，今夜はとても簡単なレシピなんだ。1人で大丈夫だよ。

☆：わかったわ，じゃあ私は寝室の掃除か，洗濯でもして役に立とうかしら。

★：実際のところ，今一番やってもらって助かるのは皿洗いだよ，鍋やフライパンを流しに置くのにスペースが必要だから。

質問：男性は女性に何をしてほしいと思っていますか。

1 皿を洗う。 **2** 寝室の掃除をする。

3 食事を作る。 **4** テーブルをセットする。

解説 男性の最後の the most useful thing you could do right now is the dishes という発言の聞き取りが正解にたどり着くポイント。do the dishes の変形になっているが，意味としては「皿洗いをする」ことに変わりはなく，正解は **1**。「皿を準備する」と考えて，**4** を選ばないように注意したい。

No. 5　解答　1

★：Kelly, good job on the presentation you gave at the sales conference. I'm sure our clients feel the same way I do.

☆：Thank you, Jim. I asked Linda for advice about presentation skills.

★：She knows a lot about making presentations. You chose the right person to get advice from.

☆：I didn't have much time to prepare, so I was thankful for her help.

Question: What is one thing Kelly says about her presentation?

★：ケリー，販売会議で君がやったプレゼンテーションは良かったよ。クライアントもきっと私と同じように感じていると思うよ。

☆：ありがとう，ジム。プレゼンテーションスキルについて，リンダにアドバイスを求めたの。

★：彼女はプレゼンテーションをすることについては，よく知っているからね。アドバイスをもらうのにふさわしい人を選んだよ。

☆：準備をする時間があまりなかったから，彼女の手助けにはとても感謝したわ。

質問：ケリーがプレゼンテーションについて言っていることの1つは何ですか。

1 彼女は同僚からアドバイスを受けた。
2 彼女は準備に多くの時間を費やした。
3 彼女はプレゼンテーションをすることについてよく知っている。
4 彼女はプレゼンテーションにリンダを招待した。

解説　冒頭で男性が，女性のプレゼンテーションを褒めたのに対して，女性が礼を述べた上でI asked Linda for advice about presentation skills. と言っていることから，リンダに助言をもらったことがわかる。続けて，男性もリンダの能力に触れていることから，リンダは2人の仕事仲間と推測できる。よって，**1**が正解。

No. 6　解答　2

★：Do you think you'll be coming to our parents' house for the holidays?

☆：I'd like to, but it's a little expensive to fly all the way there.

★：I see. You're the only one who has to travel for family get-togethers.

☆：Yes. I should invite everyone to my home sometime, so I can stay at home for once.

Question: What is one thing we learn about the woman?

★：休暇には，実家に来るつもりなのかい？

☆：行きたいけど，そっちまではるばる飛行機で行くのはちょっと高いのよ。

★：なるほど。家族の集まりのために遠くまで移動しないといけないのはお前1人だけだからなあ。

☆：そうなの。一度くらいは自分の家にいられるように，いつかみんなをうちに招待しないと。

質問：女性についてわかることの1つは何ですか。

1 男性の母親である。
2 両親から遠く離れたところに住んでいる。
3 男性よりも収入が少ない。
4 休暇中は海外へ行くことを計画している。

解説　冒頭で男性がour parents' houseと言っていることから，男性と女性は兄妹であるとわかる。さらに，女性のexpensive to flyや男性のYou're the only one who has to travelといった発言から，女性が実家から遠く離れたところで生活していると推測される。こうした点から選択肢を見ると正解は**2**。

No. 7　解答　2

☆：Hello?

★：Hello Michelle. How are you doing in New Jersey?

☆：Hi, Dad. I'm enjoying myself at Uncle Bob's guest house. I have to take care of the guests, and most of them are really friendly to me.

★：Is it very busy now?

☆：Yes. It's peak season, so there are a lot of guests who like outdoor activities. But I do get some free time.

Question: What is Michelle doing in New Jersey?

☆：もしもし。

★：もしもし，ミッシェル。ニュージャージーで元気にやってるかい？

☆：こんにちは，父さん。ボブおじさんのゲストハウスで楽しくやっているわよ。接客をしなくてはいけないんだけど，ほとんどのお客さんは私にとても親切よ。

★：今はとても忙しいのかい？

☆：ええ。今が一番混む時期だから，アウトドア活動が好きなお客さんでいっぱいよ。でもいくらかは自由時間もあるの。

質問：ミッシェルはニュージャージーで何をしているのですか。

1 長い休暇を過ごしている。　　**2** おじのところで働いている。

3 アウトドア活動を楽しんでいる。　　**4** 新しい商売を始めている。

解説　冒頭で男性が，Hello Michelle. How are you doing in New Jersey? と聞いており，その後の聞き取りがポイント。女性（Michelle）は，I'm enjoying myself at Uncle Bob's ... とは言っているものの，I have to take care of the guests と続けていることから，個人的な休暇ではなく，そこで仕事をしていると判断できる。よって，正解は**2**。

No. 8　解答　4

☆：How come you were late for class today, Gerald? Ms. Keller was worried about you.

★：I couldn't find my science textbook and was looking all over my room for it. After 20 minutes of looking, I finally found it in my bag.

☆：Well, it's good that you found your book, but you missed the quiz in class today.

★：I'll talk with Ms. Keller about the quiz.

Question: Why was Gerald late for class today?

☆：どうして今日授業に遅刻したの，ジェラルド？ケラー先生があなたのことを心配してたわよ。

★：科学の教科書が見つからなくて部屋中探してたんだよ。20分探してから，ようやくかばんの中に見つけたんだ。

☆：まあ，本が見つかってよかったけれど，あなたは今日の授業の小テストを受けそこねたのよ。

★：小テストのことはケラー先生と話すよ。

質問：なぜジェラルドは今日授業に遅刻したのですか。

1 科学の小テストの勉強をしていた。　　**2** 20分遅く起きた。

3 かばんを取りに家へ戻った。　　**4** 自分の教科書を探していた。

解説　会話冒頭に，質問と同じ英文が出ているが，How come ～ ? が Why ～ ? と同義だと気づくかどうかがポイント。直後の男の子の発言に，その理由が明快に述べられている。「教科書を探していたから」の**4**が正解だが，look for が選択肢では同義の search for となっている点に注意しよう。

36

No. 9　解答　2

★：Did you manage to catch your regular bus on time, Grace?

☆：No, it left a little earlier than usual. I had to wait for the next bus which came 15 minutes later.

★：That's too bad.

☆：Not really. I still had time. When I was waiting for the bus, I ran into Larry from the Sales Department. I wasn't late, and we had a good time talking.

Question: What do we learn about the woman?

★：いつものバスにはなんとか間に合ったのかい，グレース？

☆：いいえ，いつもより早く発車したのよ。15分後に来る次のバスを待たなくちゃならなかったわ。

★：それはお気の毒に。

☆：そうでもなかったわ。時間はまだあったし。バスを待っているときに，販売部のラリーとばったり会ったの。遅刻はしなかったし，おしゃべりをして楽しかったわ。

質問：女性についてわかることは何ですか。

1　仕事に遅刻した。　　　　　　　　　2　普段より遅いバスに乗った。
3　普段，ラリーと一緒に出勤する。　　4　ラリーと会う機会を逃した。

解説　冒頭の女性のI had to wait for the next busという発言から，女性が予定していたバスの次に来たバスに乗ったことがわかるため，正解は**2**。いつものバスには間に合わなかったが，最後の発言のI wasn't lateから遅刻はしなかったことがわかるので，**1**を選んでしまわないように注意しよう。

No. 10　解答　3

★：Good afternoon. I'm here to see Mr. Stone.

☆：I'm sorry, I think you've made a mistake. Mr. who?

★：Mr. Stone. He works in the sales department.

☆：Oh, I see. He's working in the marketing department now. It's in the building across the street on the 4th floor.

Question: Where does Mr. Stone work?

★：こんにちは。ストーンさんに面会に参ったのですが。

☆：すみません，お間違えではないかと思います。何という者でしょうか。

★：ストーンさんです。彼は販売部で働いています。

☆：ああ，わかりました。彼は今，マーケティング部で働いています。マーケティング部はこの通りの向かい側のビルの4階です。

質問：ストーン氏はどこで働いていますか。

1　販売部。　　　　　　　　　　　　2　百貨店。
3　マーケティング部。　　　　　　　4　違う会社。

解説　男性は，Mr. Stoneがthe sales department「販売部」にいると思って女性に尋ねたが，現在はthe marketing department「マーケティング部」に異動していることがわかったという状況をつかむのがポイント。departmentという単語の意味の取り違えには注意したい。

No. 11 解答 3

★：Excuse me. I'm looking for a gift for my wife. She wants a scarf to match her red dress.

☆：I see, sir. We have some nice silk scarves here. This red one would certainly suit a red dress, but this pink one would be interesting, too.

★：I'll stick with the safe choice and take the red one.

☆：Certainly. I'll wrap this up for you.

Question: Why does the man decide to buy the red scarf?

★：すみません。妻への贈り物を探しているのですが。彼女は自分の赤いドレスに合うスカーフを欲しがっているんです。

☆：承知いたしました，お客様。こちらにいくつか素敵なシルクのスカーフがございます。こちらの赤いものでしたら間違いなく赤いドレスに合いますが，このピンクのものも面白いですよ。

★：無難な選択をしておいて，こちらの赤いものにします。

☆：かしこまりました。お包みいたします。

質問：なぜ男性は赤いスカーフを買うことにするのですか。

1 それは特価だった。
2 赤いドレスが売り切れていた。
3 彼は無難な選択をしたかった。
4 それはピンクのものより安かった。

解説 男性の2回目の発言の聞き取りが正解への鍵。I'll stick with the safe choice を理由として take the red one と言っているのだから，正解は **3**。つまり，あえて冒険はせずに「無難な」同色の選択をすると言っているわけである。価格や在庫のことは，特に話題にはなっていない。

No. 12 解答 2

☆：Jake, I seem to have left my umbrella at the station. Can you go to the party without me while I go back and get it?

★：We're quite far from the station now. It'll take half an hour to go back.

☆：I know, but it's my mother's and I want to make sure it's not lost.

★：OK. I'll tell the others you're going to be late.

Question: What is the woman's problem?

☆：ジェイク，駅に傘を忘れてきちゃったみたい。戻って取ってくる間に私抜きでパーティーに行ってくれる？

★：もう結構駅から遠くまで来たよ。戻るのに30分かかるよ。

☆：わかってる，でもあれはお母さんのだから，なくさないようにしたいのよ。

★：わかった。みんなには君は遅れるって言うよ。

質問：女性の問題は何ですか。

1 パーティーに行きたくない。
2 傘を忘れた。
3 ジェイクを駅に置いてきた。
4 母親を迎えにいかなくてはならない。

解説 冒頭の発言で，女性が I seem to have left my umbrella at the station と言っていることが聞き取れれば，正解の **2** を選ぶことはそれほど難しくないだろう。会話中に出てくる Jake や party, mother などの表現に惑わされて選択肢を取り違えないように注意したい。

No. 13 解答 3

★：How long have you been driving taxis?

☆：Three years. But, for the first year, I drove in my hometown of Sapporo. Then I came to Tokyo.

★：I see. How do you like driving in Tokyo?

☆：It's not bad. I prefer to drive in Sapporo, though.

Question: What is one thing the woman tells the man?

★：タクシーの運転歴はどれくらいですか。

☆：3年です。でも最初の1年は，故郷の札幌で運転していたんです。それから東京に来たんです。

★：なるほど。東京での運転はどうですか。

☆：悪くはないですね。とは言え，札幌で運転する方が好きなんですが。

質問：女性が男性に言っていることの1つは何ですか。

1 今年タクシーの運転手になった。 **2** 東京が好きではない。

3 以前札幌に住んでいた。 **4** 3年前に東京に引っ越した。

解説 冒頭の男性の発言から，タクシー運転手と客の会話だと理解できる。運転年数や勤務地など，情報が多岐にわたるので混乱しないようにしたい。女性の最初の発言の But, for the first year, I drove in my hometown of Sapporo. から，**3** が正解。この運転手は，通算で3年の経験を持ち，東京の印象は It's not bad. である。

No. 14 解答 **3**

☆：Hello, this is Angel House Cleaning Services. How can I help you?

★：Good morning. My friend recommended your company and he told me I would get a discount if I mentioned him.

☆：Yes, sir. In that case, we can offer you a discount. However, right now the coupon that's in the newspaper is an even better deal. Do you have one?

★：No, I don't. Maybe I'll get one next time.

Question: How is the man getting a discount this time?

☆：もしもし，エンジェルハウスクリーニングサービスです。ご用件をお伺いします。

★：おはようございます。友人が御社を勧めてくれて，彼のことを話に出せば割引が受けられると言っていたのですが。

☆：はい，お客様。その場合は割引をご提供できます。しかしながら，今ですと新聞に入っているクーポンの方がさらに良い条件です。それをお持ちですか。

★：いいえ。たぶん次回は手に入れます。

質問：男性は今回どのようにして割引を受けますか。

1 クーポンを利用することによって。 **2** 2つの商品を注文することによって。

3 彼の友人のことを話に出すことによって。 **4** 新聞を買うことによって。

解説 会話中に出てくる2つの割引について，混乱しないようにしたい。男性の I would get a discount if I mentioned him という割引の申し出に，それ以上に好条件のクーポン利用の割引が提案されるが，最後の発言からそれが今回は叶わないことが聞き取れれば，必然的に前者の割引，つまり **3** の割引を受けることがわかる。

No. 15 解答 **2**

★：Hi, can I help you?

☆：Yes, can I leave my baggage here?

★：No, this is just the information desk. There are coin lockers near track 5. You can find them next to the lost and found.

☆：Thank you. I don't want to carry these heavy bags all day.

Question: What is the woman looking for?

★：こんにちは，何かご用ですか。

☆：ええ，ここで荷物を預けられますか。

★：いいえ，ここはただの案内所です。5番線の近くにコインロッカーがあります。遺失物取扱所の隣にありますよ。

☆：ありがとうございます。これらの重いかばんを1日中持っていたくないんです。

質問：女性は何を探していますか。

1 案内所。 **2** かばんを預ける場所。

3 5番線の電車。 **4** 自分の荷物。

解説 女性の最初の発言 can I leave my baggage here? から，この女性が荷物を預けたいと思っていることがわかる。続けて男性が There are coin lockers と言っていることから考えても，**2** が正解だと判断できるだろう。女性の最後の発言 I don't want to carry these heavy bags all day. もヒントになる。

No. 16　解答　2

Katie was asked by her coworker, Sandy, to have lunch with her on Tuesday, but Katie suddenly had to meet a client and break their lunch date. She apologized to Sandy and promised to have lunch with her on Friday. Unfortunately, Katie had to attend an emergency meeting with her boss all day on Friday. She wants to make it up to Sandy by having lunch sometime early next week.

Question: Why couldn't Katie have lunch with Sandy this week?

ケイティは同僚のサンディに火曜日に昼食を一緒に食べようと誘われたが，ケイティは突然顧客と会わなければならなくなり，昼食の約束を破らざるを得なかった。彼女はサンディに謝り，金曜日に彼女と昼食を取ると約束した。残念なことに，金曜日にケイティは1日中上司と一緒に緊急会議に出席しなければならなかった。彼女は来週の前半のどこかに昼食を取ることで，サンディに対し埋め合わせをしようと思っている。

質問：なぜケイティは今週サンディと一緒に昼食を食べられなかったのですか。

1 彼女はサンディの顧客に会うよう頼まれた。
2 彼女には予期せぬ仕事がいくつかあった。
3 サンディは顧客を昼食に連れださなければならなかった。
4 サンディの上司が一緒についてきたがった。

解説　butやUnfortunately などの後にできなかった理由が述べられると予想できる。Tuesdayの約束に対してはKatie suddenly had to meet a clientが理由で，Fridayの場合はKatie had to attend an emergency meeting with her boss all dayである。どちらも仕事関係だと言えるので，正解は**2**。

No. 17　解答　3

Eric has wanted to read a new book by Timothy Smith ever since his best friend bought it. Eric tried borrowing it from the library, but the book was always checked out. The librarian told him that he could put his name on the waiting list for it. When the book is available, the library will let him know by phone. Now Eric is waiting for his turn.

Question: How is Eric going to get the book he wants?

エリックは親友がティモシー・スミスの新刊を買ってからずっと，それを読みたいと思っている。エリックは図書館で借りようとしたが，その本はいつも貸し出し中だった。図書館員は彼に，その本の予約リストに彼の名前を載せられることを伝えた。本が利用できるようになったら，図書館が電話で彼に知らせてくれるのだ。今エリックは自分の順番を待っている。

質問：エリックはどのようにして彼の欲しい本を手に入れる予定ですか。

1 友だちに借りることによって。　　　　　　**2** 入手可能になったら購入することによって。
3 予約することによって。　　　　　　　　　**4** それが配達されるのを待つことによって。

解説　冒頭のborrowingやlibrary などから，エリックは図書館で本を借りようとしていることが推測される。その後のput his name on the waiting listやNow Eric is waiting for his turn.が聞き取れれば，正解の**3**を選ぶことができる。エリックは予約リストに名前を載せて，貸し出しの順番を待っているのである。

No. 18 解答 4

This summer, Karen went to Seoul to visit her friend Ha-yoon. Karen stayed with Ha-yoon's family for a week. Karen was excited to see her friend and experienced many new things. She was surprised to see so many side dishes served at Korean restaurants and at home. She didn't know that elderly people started eating first. Although Karen wasn't used to the culture, she was happy to experience Korean culture.

Question: What was Karen surprised about in Korea?

この夏, カレンは友人のハユンを訪ねてソウルに行った。カレンはハユンの家族のところに1週間泊まった。カレンは友人と会ってわくわくし, たくさんの新しいことを経験した。彼女は, 韓国料理店や家庭でとてもたくさんの副菜が出てくるのを見て驚いた。まず年上の人が食べ始めるということを, 彼女は知らなかった。カレンはその文化には慣れていなかったが, 韓国文化を経験できてうれしかった。

質問: カレンは韓国で何に驚きましたか。

1 友人の家庭が大家族だった。　　　　　　　**2** 彼女はすぐにその文化に慣れた。

3 レストランに高齢者向けのメニューがあった。　**4** 異なった食習慣があった。

解説 質問にあるsurprisedが出てくるShe was surprised to see so many side dishes served at Korean restaurants and at home.の聞き取りが最初のポイント。続けてShe didn't know that elderly people started eating first.とも言っており, ともに食習慣での驚きを表していると考えられる。よって, **4**が正解。

No. 19 解答 1

A durian is a tropical fruit grown in Southeast Asia. It is called the "King of Fruits" and has a very sweet flavor. However, it is also known for its strong smell. The smell is so strong that most hotels and airplanes do not allow people to bring durians with them inside. Durians may be unusual for tourists, but they are eaten daily by many people in Southeast Asia.

Question: What is one thing we learn about durians?

ドリアンは東南アジアで生育する熱帯の果物である。それは「果物の王様」と呼ばれ, 非常に甘い味がする。しかし, それはまたその強烈なにおいでも知られている。そのにおいがあまりに強烈なので, 大部分のホテルや飛行機では, 人々が中にドリアンを持ち込むことを認めていない。ドリアンは旅行者にとっては珍しいかもしれないが, 東南アジアでは多くの人々に毎日食べられている。

質問: ドリアンについてわかることの1つは何ですか。

1 いくつかの場所で受け入れてもらえない。　　**2** 旅行者に人気である。

3 世界中で栽培されている。　　　　　　　　**4** そのすっぱい味で知られている。

解説 冒頭の1文から, 果物のドリアンがトピックだとわかる。sweet flavorやits strong smellがその特徴で, そのにおいの強烈さゆえの扱いがso ～ that ... 構文で述べられている。most hotels and airplanes do not allow people to bring duriansとあり, 「場所によっては持ち込み禁止」ということなので, **1**が正解。

Day
3

No. 20　解答　2

The Diquís Spheres are hundreds of stone balls found in Costa Rica. The balls are many different sizes. Some are a few centimeters across while others are two meters wide. Scientists believe that ancient people made the Diquís Spheres by cutting rocks into rough ball shapes and then polishing them with sand. Even though they seem to have used this simple method, many of the balls are almost perfectly round.

Question: How do scientists think the Diquís Spheres were created?

ディキスの石球はコスタリカで見つかった何百もの石の球体である。その球体はさまざまな大きさをしている。幅数センチのものもあれば，一方で幅2メートルのものもある。科学者たちは，古代の人々が岩石をおおよその丸い形に切り取り，その後砂で磨くことでディキスの石球を作ったと考えている。このような単純な手順を用いたと思われるにもかかわらず，その球体の多くがほぼ完璧に丸い。

質問：科学者たちはディキスの石球がどのように作り出されたと考えていますか。

1 砂から球体を作ることによって。　　　　**2** 岩石を切り取って滑らかにすることによって。
3 岩石を川の中で磨くことによって。　　　**4** 岩石を地面に転がすことによって。

解説　stone balls，Scientists believe，ancient people madeなどから，the Diquís Spheresは古代人が作成した石球だと推測できる。その作成方法は，by cutting rocks into rough ball shapes and then polishing them with sandであり，**2**が正解と判断できる。**3**と**4**は滑らかにする手段が異なる。

No. 21　解答　3

Mr. Green's hobby is skiing. He works hard all year looking forward to the winter for his skiing trips. Last year, he booked a two-week vacation to the snow-covered mountains of Colorado. He couldn't reserve the hotel he wanted and booked a cabin instead. The day before he was due to leave, his son broke his leg in a bicycle accident. As a result, he had to cancel his vacation.

Question: Why did Mr. Green cancel his trip?

グリーンさんの趣味はスキーだ。彼はスキー旅行のための冬を楽しみにして，1年間一生懸命働いている。昨年，彼はコロラド州の雪山への2週間の休暇を予約した。希望していたホテルは予約できなかったので，代わりに彼は小屋を予約した。彼が出発する予定の前日，彼の息子が自転車の事故で脚を折った。その結果，彼は休暇を中止しなければならなかった。

質問：なぜグリーンさんは旅行を中止したのですか。

1 ホテルを予約できなかった。　　　　**2** 脚を折った。
3 彼の息子が事故にあった。　　　　　**4** 仕事で忙しかった。

解説　放送文の最後にAs a result, he had to cancel his vacation. とあり，中止の理由はその直前に述べられている。his son broke his leg in a bicycle accidentが聞き取れれば，**3**が正解だと判断できる。放送文中のcouldn't reserve the hotelやbroke his legなどの表現に惑わされないように注意。

No. 22　解答　2

One of the most popular museums in London is the Victoria and Albert Museum, usually called the V&A. The V&A is different from other museums because it focuses on "applied arts"— such things as pottery and furniture. It has a famous collection of traditional clothes that show how fashion has changed over time. It also has a unique collection of musical instruments. Many things in the museum were made for daily use.

Question: What is one thing people can see at the V&A?

ロンドンで最も人気のある博物館の1つが，通例V&Aと呼ばれる，ヴィクトリア・アンド・アルバート博物館で

ある。V&Aは，陶器や家具といったような「応用美術」に焦点を当てている点で，ほかの博物館とは異なっている。そこには，長い間にファッションがどのように変遷してきたかを見せる伝統的な服の有名なコレクションがある。また，楽器のユニークなコレクションもある。この博物館にある多くの品は日常の使用のために作られた物である。

質問：V&Aで人々が見ることのできるものの1つは何ですか。

1 アルバート公による素晴らしい絵画。　　　　**2** 服装の変遷。

3 いろいろなスタイルのミュージックビデオ。　　**4** ビクトリア朝美術に関する有名な本。

解説　冒頭の1文から，ある博物館に関する内容だとわかる。it focuses on "applied arts"— such things as pottery and furniture という表現から，展示物が「応用美術」という点が特徴だとわかり，その後に2つの具体的なコレクションが挙げられている。a famous collection of traditional clothes とあるので，**2**が正解。

No. 23　解答　3

Attention, shoppers. Would a shopper named Lisa please come to the service desk at the main entrance? A boy was found alone in the kids' park about five minutes ago. He says he is five years old and came here with Lisa. He is wearing a white jacket and blue pants. Again, would Lisa please pick him up at the service desk at the main entrance? Thank you.

Question: What should Lisa do?

お買い物のお客様にお知らせです。リサというお名前のお客様，正面入口のサービスデスクまでお越しいただけますでしょうか。男の子が5分ほど前に子ども広場に1人でいるのが見つかりました。彼は5歳でリサとここに来たと言っています。白い上着と青いズボンを身に着けています。繰り返します。リサ様，正面入口のサービスデスクまでお迎えにきていただけますか。よろしくお願いします。

質問：リサは何をすべきですか。

1 店員に男の子について話す。　　　　**2** 上着とズボンの代金を支払う。

3 サービスデスクに行く。　　　　　　**4** 子ども広場に行く。

解説　冒頭の Attention, shoppers. から店内放送だとわかる。さらに A boy was found alone の箇所から，迷子のお知らせだと判断できる。放送文の冒頭と最後で，繰り返して the service desk at the main entrance と言っていることから，リサは当然そこに行くと考えられる。よって**3**が正解。

No. 24　解答　3

Dylan visited Japan for the first time this September. He came for a three-week vacation to meet his friend in Tokyo and go sightseeing. He really enjoyed trying Japanese food, and speaking Japanese, even though he only knew a little. His vacation was spoiled when he lost his phone in the third week, but his friend helped him get a new one.

Question: What problem did Dylan have?

ディランは今年の9月に初めて日本を訪れた。彼は3週間の休暇を取って，東京にいる友人に会い，観光旅行をするためにやってきた。彼は日本食を食べてみたり，少ししか知らないものの，日本語を話したりすることを本当に楽しんだ。彼の休暇は，3週目に電話をなくして台なしになってしまったが，友人が新しい電話を買うのを手伝ってくれた。

質問：ディランにどんな問題が起きましたか。

1 日本語が話せなかった。　　　　**2** 観光中に道に迷った。

3 持ち物の1つをなくした。　　　　**4** 彼の友人に会うことができなかった。

解説　放送文の最後まで話の展開をしっかり追うことが大切。ディランが日本への訪問を楽しんでいる様子が述べられた後，最後に His vacation was spoiled と述べられるので，その後に問題点が続くと予想できる。spoil は「～を台なしにする」の意味。he lost his phone in the third week ということなので，正解は**3**。

No. 25　解答　3

Tomoko and Mayumi are exchange students at a high school in the United States. They enjoy studying while staying with American families. Their host families are very kind, so Tomoko and Mayumi wanted to do something for them. They are planning to have a dinner party with Japanese food for their host families. They are busy thinking about what to cook and where to buy the food.

Question: What are Tomoko and Mayumi planning to do?

トモコとマユミはアメリカの高校にいる交換留学生だ。2人はアメリカ人の家庭にホームステイしながら勉強を楽しんでいる。ホストファミリーはとても親切なので，トモコとマユミは彼らのために何かしたいと思った。2人はホストファミリーのために，日本食のディナー・パーティーをしようと計画している。何を作って，どこで食材を買うかを考えるのに忙しい。

質問：トモコとマユミは何を計画していますか。

1 海外の高校で勉強すること。　　　　　　**2** アメリカ人の家庭にホームステイすること。
3 パーティーで日本食を出すこと。　　　　**4** ホストファミリーに日本料理を教えること。

解説　質問と同じ表現の are planning to が放送文後半に出てきており，この1文の聞き取りが正解への最大のポイント。(They are planning to) have a dinner party with Japanese food for their host families. ということなので，「日本食を作って食べさせること」だとわかる。従って**3**が正解。serve は「（食事を）提供する」の意味。

No. 26　解答　2

Ladies and gentlemen, I hope you enjoyed our visit to Stratford. Our bus is now on the way to Oxford. Before that we will be stopping for lunch at a beautiful old pub. We will get there at 12:15. After lunch, the bus will leave at two o'clock. If you finish lunch early, I recommend that you take a walk along the river. Please do not be late for the bus.

Question: What will the listeners do next?

皆様，ストラトフォードへの訪問をお楽しみいただけたことと思います。現在このバスはオックスフォードに向かっております。その前に美しい古いパブで昼食を取るために停まります。そこには12時15分に到着します。昼食の後は，バスは2時に発車いたします。もし早めに昼食が終わりましたら，川沿いを散歩されることをお勧めします。バスには遅れないようにしてください。

質問：聞き手は次に何をしますか。

1 ストラトフォードへ行く。　　　　　　**2** パブで昼食を食べる。
3 オックスフォードを見てまわる。　　　　**4** 川沿いを歩く。

解説　次々と行程や時刻が述べられるので，落ち着いて行動予定の流れをメモしたい。Our bus is now on the way to Oxford. から目的地がOxfordだとわかるが，次のBefore that以下の1文から，到着前に昼食を取ることがわかる。さらに続く We will get there at 12:15. から，まだ昼食場所には着いていない。よって，**2**が正解となる。

No. 27　解答　2

Thank you for coming to Greenwood Theater. The last show for tonight has finished and we will be closing in ten minutes. Please follow our staff members, who will lead you to the nearest exits. As you exit the theater, the flyers for our Japanese movie week will be on your right, so feel free to take one. We hope to see you again soon.

Question: What can people get at the theater exit?

グリーンウッド・シアターにお越しいただき，ありがとうございます。今夜の最終上映は終了し，あと10分で閉館させていただきます。当館の係員に従ってください，お近くの出口までご案内いたします。映画館から出る際，

右手に当館の日本映画週間のチラシがございますので，ご自由にお取りください。近々またお会いできますことを願っております。

質問：人々は映画館の出口で何を手に入れることができますか。

1 いくつかの映画の無料招待券。　　　　**2** 近日上映される映画の情報。

3 映画を見るときのための飲食物。　　　**4** 過去に上映されたものから選んだチラシ。

解説　冒頭の1文から映画館の館内放送だとわかる。質問にあるthe theater exitは放送文の後半にAs you exit the theaterと出てきた箇所の言い換えとなっている。the flyers for our Japanese movie weekwill be on your rightということなので，**2**が正解。Some information about upcoming movies. という言い換えにも注意。

No. 28　解答　3

Thomas and Henry made plans to travel around the world. They went to India, Nepal, and China, and now they are in Japan. They want to go to Australia next but have run out of money, so they are not sure what to do. They have started to work part-time in a restaurant, but are finding Japan very expensive, so they cannot save any money.

Question: Why are Thomas and Henry staying in Japan?

トーマスとヘンリーは世界旅行の計画を立てた。彼らはインド，ネパール，中国に行き，今は日本にいる。彼らは次にオーストラリアに行きたいのだが，お金を使い果たしたので，どうすればいいかはっきりしていない。彼らはレストランでアルバイトを始めたが，日本は物価がとても高いとわかってきているので，お金を全然貯めることができない。

質問：なぜトーマスとヘンリーは日本に滞在しているのですか。

1 日本食レストランを開く予定である。　　　**2** 中国へ行くのを待っている。

3 旅行を続けるだけの金銭的余裕がない。　　**4** オーストラリアに行きたくない。

解説　前半のnow they are in Japanに続くThey want to go to Australia next but have run out of moneyの聞き取りが正解へのポイント。お金を使い果たしてしまったために，旅行を継続できずに日本にいるので，正解は**3**である。選択肢中のcannot afford to *do*は「～する金銭的余裕がない」の意味。

No. 29　解答　2

John wanted to study literature in college, but his father would not let him. Instead, he did as his father wanted and studied law. After college, he became a lawyer. He was good at his work and the pay was good, but he did not enjoy it. After a few years, he went back to college, and this time he studied literature. Now he enjoys teaching English at a high school.

Question: What did John's father make him do?

ジョンは大学で文学を勉強したかったのだが，彼の父親はそれを許そうとしなかった。その代わりに，父親が望む通り，法律を勉強した。大学卒業後，彼は弁護士になった。彼は仕事がよくできて，給料も良かったが，それを楽しんではいなかった。数年後，彼は大学に戻り，今度は文学を勉強した。現在，彼は高校で英語を教えることを楽しんでいる。

質問：ジョンの父親は彼に何をさせましたか。

1 文学の教授になる。　　　　　　　　　　**2** 大学で法律を勉強する。

3 数多くの外国語を勉強する。　　　　　　**4** 高校で英語を教える。

解説　いろいろな情報が出てくるが，2文目の聞き取りができるかどうかが，正解への鍵となる。he did as his father wantedとしてジョンが取った行動がstudied lawということなので，彼の父親が望んだことは**2**の「法律の勉強」ということになる。英文中の表現につられて，**1**や**4**と取り違えないようにしたい。

No. 30 解答 **2**

One of the most famous British artists of the 20th century is L.S. Lowry. Lowry lived most of his life in the industrial city of Salford. As a boy, Lowry did not do well at school and decided to study art. His first job was as an accountant, but later he began to paint the industrial scenes around him. Lowry's distinctive style is easily recognized. Many people love his work.

Question: What kind of pictures did L.S. Lowry paint?

20世紀の英国の美術家で最も有名な1人は，L.S.ラウリーである。ラウリーはその人生のほとんどを，工業都市であるサルフォードで暮らした。少年のとき，ラウリーは学校の成績が良くなかったので，美術を勉強することにした。彼の最初の仕事は会計係だったが，後に彼の周囲の工業都市の風景を描き始めた。ラウリーの独特のスタイルは容易にそれとわかる。多くの人々が彼の作品を愛している。

質問： L.S.ラウリーが描いたのはどんな種類の絵ですか。

1 田舎の風景。

2 工業都市の風景。

3 人々の肖像画。

4 有名な家々。

解説 後半に出てくる but later he began to paint the industrial scenes around him の聞き取りが全て。彼が描いた絵の内容としては，この情報しか述べられていない。正解は**2**。放送文中の scenes が landscapes と言い換えられている点にも注意したい。

筆記試験
解答と解説

問題編 p.57〜67

筆記

1	問題	*1*	*2*	*3*	*4*	*5*	*6*	*7*	*8*	*9*	*10*	*11*	*12*	*13*	*14*	*15*	*16*	*17*
	解答	3	2	2	4	3	4	3	2	1	3	1	2	4	3	1	1	4

2		*A*			*B*		
	問題	*18*	*19*	*20*	*21*	*22*	*23*
	解答	3	3	2	3	1	4

3		*A*				*B*			
	問題	*24*	*25*	*26*	*27*	*28*	*29*	*30*	*31*
	解答	1	3	1	3	4	3	2	2

4	解答例参照

5	解答例参照

1

(1) 解答 **3**

A「最近デイブとリサのことを見かけた？　ずいぶん長い時間一緒にいるみたいよ」

B「2人が付き合ってるっていううわさは聞いたけど，それが本当かどうかは知らないんだよ」

解説 rumor「うわさ」が正解。空所がheardの目的語になっていること，空所直後のthat節の内容，but以降からBが事実を知らないとわかることなどが，正解を得る鍵。proposal「申し込み，提案」，forecast「予報，予測」，thought「考え，思いつき」。

(2) 解答 **2**

「そのレシピではバターが必要であったが，リリーは数週間ダイエットを続けているため低脂肪のマーガリンを代わりに使った」

解説 recipeは「レシピ，調理法」，call for 〜は「〜を必要とする」。she is going on a dietから，バターの代わりに低脂肪マーガリンを使ったことが推測できる。substituteは「〜を代わりに用いる」の意味。abandon「〜を捨てる」，criticize「〜を非難する」，shift「〜を移動させる」。

(3) 解答 **2**

「ビルの祖母は大変気前の良い人である。彼女はビルや彼の兄弟の誕生日にいつも大変高価なプレゼントを与えている」

解説 正解はgenerous「気前の良い，太っ腹な」。具体的な例を示している2番目の文から推測する。curious「好奇心の強い」，eccentric「風変わりな」，positive「肯定的な」。

(4) 解答 **4**

A「普段はどうやって駅に行くの？」

B「歩いて行くよ。そこに行くのにほかの交通手段がないからね」

解説 AはBに駅へ行く手段を尋ねているので，transportation「交通機関」が正解となる。means of transportationで「交通手段」。convenience「便利」，trade「貿易，商売」，benefit「利点」。

(5) 解答 **3**

A「やあ，ボブ。今日の午後少し時間をもらえる？　ちょっと話したいことがあるんだ」

B「もちろん，いいよ」

解説 spare「(時間など)を割く」が正解。〈have a word with＋人〉「人とちょっと話をする」も大事な表現なので覚えておきたい。時間に関して言えば，**1**のgainは「進む」，**2**のloseは「遅れる」。**4**のconsume

は「〜を消費する」という意味。

(6) 解答 4

「ロジャーの歴史の先生はとても面白いのだが，いつも，特に週末にかけて，たくさんの宿題を出すためあまり人気がない」

解説　正解はassign「（仕事など）を割り当てる」。目的語のa lot of homeworkをロジャーの先生がどうするのかを考える。express「〜を表現する，述べる」，define「〜を定義する」，imply「〜を暗示する」。

(7) 解答 3

「ナオミはDVDを買ったが，家に帰ってから，彼女の夫が全く同じものを持っていることに気づいた。彼女はそれを店に返品して，別のものと交換してもらうつもりだ」

解説　正解のexactlyは「正確に，厳密に，ぴったり，まさに，ちょうど」であることを強調する副詞である。第1文の逆接の接続詞butに気をつけて，状況を正しく把握することが正解を得るポイント。relatively「比較的に」，unclearly「あいまいに」，frequently「頻繁に」。

(8) 解答 2

「多くの人々は，カリフォルニアのいくつかの地域を，夏は暑すぎず冬は寒すぎない理想的な気候であると言う」

解説　空所後の具体的な説明から，正解がclimate「（特定地域の）気候」だとわかる。outlook「見解，見通し」，layout「配置」，horizon「地平線，水平線」。

(9) 解答 1

「傷がとても深かったので，その患者は傷口が完全に治るまで入院しているように主治医から言われた」

解説　healは「（外傷）を治す」という意味の一般的表現。cutは「傷口」。influence「〜に影響を及ぼす」，cover「〜を覆う」，suffer「（苦痛，損害など）を受ける」。

(10) 解答 3

A「お母さん，私の高校の卒業パーティーにおばあちゃんとおじいちゃんを招待してる？」

B「ええ。ほかにも何人か親戚を招待しているわよ。パットおじさんとスーおばさん，それにあなたのいとこたちにも来てもらえるなんて素敵だわ」

解説　Grandma and Grandpaのほかに招待していて，

具体的にはUncle Pat, Aunt Sue, cousinsなので，relatives「親戚」が正解。navigator「航海士」，suspect「容疑者」，critic「評論家」。

(11) 解答 1

「シドニーからニューヨークまで飛行機で来た後，ジェームズは時差ぼけでひどく疲れていたが，翌日には回復した。彼はよく休息し，翌朝には体調万全だった」

解説　get over 〜「（病気・悲しみなど）から立ち直る，（恐怖・困難など）に打ち勝つ」。空所の後ろが代名詞のitであることから，空所に入るのは前置詞であるとわかる（動詞＋副詞の句動詞であれば，代名詞は動詞と副詞の間に入る）。get away 〜「〜を取り除く」，get out 〜「〜を外に出す」，get along「どうにかやっていく」。

(12) 解答 2

「会社がいかにして経営難に陥ったかに関する社長の説明は満足のいくものではなかったため，株主たちは社長の交代を要求した」

解説　explanation「説明」に注意して，as to 〜「〜について（は）（＝about）」を選ぶ。in case 〜「もし〜ならば，〜だといけないから」，for all 〜「〜にもかかわらず」，still more「なおさら」。

(13) 解答 4

「彼女の新しい本を読むことを多くのファンが楽しみにしていたが，体調不良のため，その作家は作品を完成させることができなかった」

解説　go through with 〜で「〜を終わらせる」という意味。問題文のthe workは「作品」という名詞で使っている。on account of 〜 ＝ because of 〜「〜のために，〜という理由で」。

(14) 解答 3

「その悪天候では外出はほとんど無理だったので，私たちはテレビを見て時間をつぶすことに決めた」

解説　next toは否定を表す語の前に用いて，「ほとんど（＝almost）」の意味。kill timeは「時間をつぶす」。free to *do*「自由に〜する」，similar to 〜「〜に似た」。

(15) 解答 1

「デイビッドはまだ10代前半だが，大学に入ったら化学を専攻することをすでに決めている」

解説　空所の後のinに注目し，major in 〜「〜を専攻

する」という表現にする。teensは「10代（13歳から19歳まで）」，chemistryは「化学」。deal in ～「～を扱う」，participate in ～「～に参加する」，result in ～「～という結果になる」。

(16) 解答 **1**

A「公園へお弁当を持っていってもいいし，途中でハンバーガーショップに立ち寄ることもできるよ。どっちがいい？」

B「どっちでも構わないわ。あなた次第よ」

解説　どちらが良いかと聞かれて，どちらでも良いと答えているので，最終判断は「あなた次第」ということになり，up to ～「～の責任で，～次第で」が正解。

be down on ～「～につらく当たる」，due to ～「～のせいで」，*be* out of ～「～から外れて」。

(17) 解答 **4**

「ティムはここ2週間仕事で忙しく，両親に会う時間がなかった。そこで週末に彼らの家に**立ち寄る**ことにした」

解説　dropには「ちょっと立ち寄る，ひょっこり訪れる」の意味があり，drop by ～は「（家・事務所）に立ち寄る」というときに使われる。ほかに〈drop in at ＋家・パーティー〉，〈drop in on ＋人・パーティー〉がよく使われる。fall on ～「～に降りかかる」，look over ～「～を調べる」，hold up ～「～を持ち上げる」。

2A

全訳

アレクサンダー・グラハム・ベル

　最初の実用的な電話の発明者として知られているアレクサンダー・グラハム・ベルは，1847年にスコットランドのエジンバラで生まれた。少年期をスコットランドで過ごしたベルは，音楽と発明に非凡な才能を示した。彼の父は耳が不自由な人たちのスピーチ・コミュニケーション教師であり，彼の母自身が失聴者であった。この環境はベルの職業に大きな影響を与えた。最終的に彼は，父の**歩んだ道をたどる**ことを決意したのだ。

　ベル自身も，最初に音楽，次にスピーチ・コミュニケーションの教師となった。**同時に**，ベルは友人と自分の犬の両方を対象として用い，会話の仕組みに関する実験を行うことで，自分の別の興味である発明を追求した。1870年，23歳のとき，ベルと彼の家族はすでにベルの2人の兄弟の命を奪っていた流行病から逃れるため，スコットランドからカナダに渡航した。その翌年，ベルはボストンの学校で教えるためにアメリカに移ったが，彼の両親はカナダに残った。

　ベルは自分の関心事であった電気の実験を続けた。彼は会話の送信が可能になり，世界の人々が話し言葉で**結ばれる**ようになることを夢見ていた。多くの実験の後，ベルと彼の助手トム・ワトソンは電話を発明することができた。1876年3月，彼らは狭い廊下を挟んだ別々の部屋で，互いに話をすることに成功した。その年の後半には，ベルは6キロの距離を越えて最初の長距離電話をした。彼の発明のおかげで，私たちは世界中の人々と簡単に通信し，情報を共有することができるのだ。

(18) 解答 **3**

解説　空所には，父親に関連したベルの決意が入る。直後の第2段落第1文を見ると，Bell became a teacher himselfとある。つまり，ベル自身も教師になったということだが，空所の直前に父親が教師であったことが書いてあり，父親と同じ道を歩む決意をしたとわかる。**3**が正解。**1**「肖像画を描く」，**2**「秘密を暴露する」，**4**「挫折を乗り越える」。

(19) 解答 **3**

解説　第2段落では，空所に続いて教師以外のベルの取り組みであるinventingがother loveとして紹介されている。つまり，教師としてだけでなく発明家としての側面も持っていたわけで，**3**「同時に」が正解。**1**「残念なことに」，**2**「さらに悪いことには」，**4**「このため」。

(20) 解答 **2**

解説　being able to transmit speech「会話の送信が可能になる」ことは「世界の人々が話し言葉で結ばれる」ことにつながるので，**2**が適切。**1**「～なしで海外旅行する」，**3**「～で意思疎通することを避ける」，**4**「～での病気を予防する」。

全訳

インターネット

　今やコンピューターはどこにでもあり，ほとんどの人が日常生活にコンピューターがない暮らしを想像できないだろう。おそらく，コンピューターが可能にした一番重要なものの1つはインターネットだろう。当初は，インターネットの概念はとても奇妙なものだったので，人々がそれをとても素晴らしい発明であると受け入れるまでに何年もかかった。人々がお互いに「あなたは（インターネットに）つながっていますか」と聞き始めたころは，多くの人々がその質問を理解できなかった。今ではこの質問が何を言っているのかを理解できなければ，その人は完璧に人里離れた地域に住んでいるにちがいあるまい。

　インターネットではさまざまなことができる。人々は，インターネットで勉強したり，買い物をしたり，物を売ったり，ゲームをしたり，友だちをつくったり，投資をしたり，仕事を見つけたり，予約をしたり，調査をしたりすることができる。事実，インターネットを使ってできないものを考えることは難しい。私たちは想像もできないような量の情報を指先に持っているのだ。

　この素晴らしい，現代的な道具に関する否定的な面はいくつかある。1つは効果的に検索する方法を学ぶことの難しさである。検索して，何千ものサイトを目前にし，そのほとんどが探していたものとはほとんど，あるいは全く関係がないと，非常にストレスがたまることがある。もう1つは，不必要な広告である。多くの人々が，画面上に点滅している多くの広告バナーにいらいらさせられた経験があるはずだ。しかしながら，

これらは，その利点を考えたときには小さな問題である。私たちの興味がどのようなものであろうと，自宅でくつろぎながら私たちを喜ばせてくれるものを見つけることができるのである。

(21) 解答 **3**

解説　過去との対比で「今では…」と用いられている仮定法過去に注意。"Are you connected?" という質問の意味がわからないとすれば，人里離れた遠隔地「に住んでいる」ということになる。ほかの選択肢は**1**「～を一人旅する」，**2**「～について一生懸命勉強する」，**4**「～で道に迷う」。

(22) 解答 **1**

解説　空所の前文でPeople can study, shop, sell ... と，インターネットを使ってすることのできる具体例が挙げられている。これに it is difficult to think of something that cannot be done using the Internet をつなげるのは，前言を補足・強調するIn fact「実際」である。**2**「以前のように」，**3**「当初は」，**4**「たまたま」。

(23) 解答 **4**

解説　主語である these は，第3段落で挙げられているインターネットの問題点を指している。Howeverで文が始まっていることに注意しよう。「しかし～のときにはこれらは小さな問題だ」の～に当たるのは，consider the advantages「その利点を考える」である。**1**「要約を訂正する」，**2**「この状況を表現する」，**3**「引っ越しをする」。

全訳

差出人：ピーター・スミス
＜psmith@nilenorthwest.com＞
受取人：メアリー・ウォーターズ
＜mwaters@nilenorthwest.com＞
日付：4月3日
件名：おめでとうございます！
親愛なるメアリー，

　これは，あなたがわが社の年間最優秀従業員に選ばれたことを，ただあなたにお知らせするための通知です。おめでとうございます！　会社から賞状，パリ旅行2名分，そして1,000ドルのボーナスが授与されます。正式な手紙がまもなく送られますが，このメールでまず私が個人的にあなたに伝えたかったのと，質問したいことがあったのです。

　今年は数多くの強力な受賞候補がいました。あなた

を年間最優秀従業員に選ぶということに関して，われわれは数多くのいろいろな要素を考慮しています。まず，あなたは10年間，1日たりとも仕事を休んでおらず，これは非常に珍しいことです。第2に，あなたは所属する部署で常に最も高い売上を成し遂げてきています。最後に，そして何よりも，あなたの同僚がみんな，あなたの親切な人柄と周囲の人々に対する協力的な態度について賞賛しました。

　来月，社長があなたに賞を授与する公式祝賀会があります。あなたは家族または友人を3人まで来賓として連れて来ることができますので，事前に私までその方々のお名前を教えてもらえますか。パーティーは5月23日にプラザホテルで開催されます。もしこの日に都合がつかないようであれば，すぐに知らせてください。
よろしくお願いします。
ピーター・スミス
総務部

(24) 　解答 1

「ピーター・スミスはなぜメアリーにメールを送ったのか」
1 彼女が会社の賞を受賞したことを知らせるため。
2 1,000ドルのボーナスの稼ぎ方を教えるため。
3 パリ行きの航空券を取ることを思い出させるため。
4 彼女の前の休暇についていくつか質問するため。
　解説　質問の趣旨からタイトルもヒントになるが，第1段落第1文 This is just a note to inform you ...の内容がメールの趣旨である。従って，**1** が正解。後に続く副賞の情報に惑わされないようにしよう。

(25) 　解答 3

「メアリーの同僚が言ったことの1つは何か」
1 彼女は10年間その会社で働いている。
2 彼女は候補者のなかで最も高い売上を達成した。
3 彼女はとても親切で同僚をたくさん助けている。
4 彼女は非常に時間に正確で一度も仕事に遅れたことがない。
　解説　第2段落にはメアリーの受賞理由が列挙されている。質問のcolleaguesに関連する記述として，最終文に your colleagues all spoke very highly of your ... とあり，ここから正解が **3** だとわかる。speak highly of ～で「～をほめる，賞賛する」。

(26) 　解答 1

「祝賀会では，」
1 メアリーの家族と友人が来賓として出席するかもしれない。
2 メアリーの顧客の1人が彼女に賞を授与する。
3 社長がスピーチを行う。
4 プラザホテルがメアリーのために特別なケーキを用意する。
　解説　第3段落は祝賀会についての説明で，第2文から正解が **1** だとわかる。なお，社長は表彰するだけでスピーチはせず，ホテルがケーキを用意するという記述はない。

Day 4

3B

全訳
大学生スポーツ選手への報酬
　アメリカでは，ほとんどのスポーツ選手がプロとしてプレーする前に大学でプレーする。その理由の1つは，選手が高校卒業後，リーグに所属する前に1年間待つことを義務づけるプロリーグがあることだ。これには，プロになる前に大学で1年もしくはそれ以上の年数訓練することをスポーツ選手に推奨する意図がある。大学にいる間は報酬を受け取ることが許されていない選手にとって，このことが不公平だと考える人もいる。選手たちはとても高いレベルでプレーし，時には大学に巨額の利益をもたらしているのだ。

　多くの人々が，大学生スポーツ選手は報酬を受け取るべきだと提言してきている。結局のところ，競技をプレーするというのは仕事の一種であるし，大学のために働くほかの学生は有給である。大学の図書館で働く学生が報酬を受け取っている一方で，バスケットボール選手は受け取っていないのだ。また，スポーツ選手はチケットの売上やテレビ放送を通じて学校に利益をもたらしているのだから，そのいくらかはもらうべきなのである。

　大学生スポーツ選手への報酬に対する反対意見として，それにより競技の競争性が損なわれるというものがある。大学が選手に報酬を与えることができると，単に大規模な学校が最も優れた選手に多くの報酬を出すことになる。小規模な大学が張り合う可能性はなく

51

なる。しかしながら、大規模な学校にはすでにライバルに対して優位性がある。彼らはより優れたコーチを雇用でき、またより優れたトレーニング設備に費用を費やすことができ、それは優秀な選手を勧誘するのに役立っている。大規模校は今も小規模な学校よりも高額を費やしているが、選手自身には一銭も支払われていないのだ。

　選手に直接支払わずに報酬を与えることについて多くの折衷案が提言されている。1つの仕組みは、事前にプロのチームと選手に契約させ、契約金を受け取らせるというものだ。この場合、大学生スポーツ選手はプロチームに参加する前に、お金を受け取ることができる。別の仕組みは、選手に直接報酬を支払うのではなく、彼らがコマーシャルや商品を通じてお金を稼げるようにするというものだ。選手が人気者であれば、靴を宣伝したりあるいはサインをしたりして、お金を稼ぐことができる。選手が稼ぐ金額は、大学がどれだけ彼らに支払う意思があるかに基づくのではなく、彼らがどれだけ人気かということに基づくようになるのだ。多くの提言がされているにもかかわらず、大学側はそのどれも、なかなか試そうとしていない。

(27)　解答　**3**

「アメリカのプロリーグの中に、スポーツ選手が大学に進学することを推奨するものがあるのはなぜか」
1 選手が先輩選手の仕事を奪わないようにするため。
2 プロリーグが一定の年齢以下の人を雇用することを止める法律がある。
3 プロリーグに参加する前に、選手に技術を向上させてほしい。
4 プロリーグのために仕事をするのに選手に大学の学位をとることを求めている。
　解説　第1段落第2文と第3文に正解への鍵がある。プロ側としては、高校卒業後にいきなりプロリーグでの仕事を始めるのではなく、開始前に選手に対して数年間の技能訓練をしてもらうことを意図しているとあり、**3**が正解。

(28)　解答　**4**

「大学生スポーツ選手は報酬を受け取るべきと考える人がいる理由は、」
1 選手は一般の学生よりも高い学費を支払わなければならないから。
2 それにより大学に入学する技術の高い学生の数が増えるから。
3 それにより選手が競技することを仕事の一種として

考えることを推奨するから。
4 大学がほかの分野で大学のために働く学生をすでに雇用しているから。
　解説　第2段落第2文から、**4**が正解だと判断できる。大学のために競技をするのは、いわば大学のために働いているようなものであり、図書館で働く大学生と身分としては同じなのに、後者は有給でスポーツ選手だけが無給なのは不公平だという考え方である。

(29)　解答　**3**

「大学所属の選手に報酬を払うことに対する反対意見の1つは何か」
1 それにより、彼らは勉強に時間を割かなくなり学業が損なわれる。
2 学校はスポーツプログラムを通して金銭を稼ぐべきではない。
3 それにより、特定の学校がほかの学校よりもはるかに優位になる。
4 報酬の少ない選手が、多い選手に嫉妬することになる。
　解説　第3段落第1～3文から、**3**が正解だとわかる。uncompetitive, the bigger schools, Smaller colleges などから、報酬の支払いによって、大学規模の大小により格差が生じ、競争性が損なわれるといった内容が読み取れるだろう。

(30)　解答　**2**

「アメリカの大学生スポーツ選手についてどんなことが提言されているか」
1 大学生スポーツ選手がけがをしたら、彼らを雇用する予定のチームがお金を支払うべきだ。
2 大学は選手に自分たちの名声を利用して金銭を稼ぐことを許可すべきだ。
3 スポーツリーグは雇用する予定のスポーツ選手の学費を支払うべきだ。
4 ほとんどの大学生スポーツ選手は学校のない夏の時期にお金を稼ぐためにプレーすべきだ。
　解説　第4段落で大学生選手が報酬を受け取るための2つの可能性を紹介しており、第4文にある Another system の内容がこの問題の正解である。選手自身が商品などの広告塔となることで、人気に応じて報酬が受け取れるという内容なので、**2**が正解。

(31)　解答　**2**

「以下の記述のうち正しいものはどれか」
1 大学生スポーツ選手に報酬を支払うことへの主要な

障壁は，大学が学生へ賃金を支払うことが違法であるということだ。

2 大学は現状では，選手が使用する施設などに費用をかけることで彼らを惹きつけている。

3 卒業後にだけ受け取ることができる金銭を稼ぐことを選手に許可する大学もある。

4 ほとんどのスポーツリーグが，プロとしてプレーで

きる前に選手に有名になることを求めている。

解説 全体を正しく理解し，選択肢を吟味する必要がある。第3段落の第5文に，大規模な大学は資金面でも有利で，施設などにお金を費やして選手を勧誘しているとあり，**2** が正解。なお，英文中にそのほかの選択肢に関する記述はない。

4

問題の訳

　運動をする際に，歩いたり走ったりすることが好きな人もいれば，ジムに入会したり水泳のレッスンを受けたりする人もいるかもしれない。ほかの選択肢もある。最近では，人々が運動をするのにサイクリングがとても人気のある手段なのだ。

　なぜ人々はサイクリングを選ぶのだろうか。サイクリングは健康に良いので，健康維持に優れた方法であり，膝や腰に過剰な負担をかけずに済む。また，サイクリングは二酸化炭素を排出したり，交通渋滞を引き起こしたりしないので，人々が通勤や通学をするのに自転車を使うことは社会にとって好ましい。

　しかしながら，激しい雨や雪の際には自転車に乗ることは難しいかもしれない。さらに，場所によって，例えば，狭い路地や交通量の激しい通りでは自転車に乗ることが危険な場合もある。結果として，自転車利用者を巻き込んだ事故が起こるかもしれない。

解答例

Nowadays, cycling is a popular choice for exercise. It offers a good way to stay fit without hurting the knees and back. Cycling is also environmentally friendly and does not lead to traffic jams, making it good for society. As for the negative side, bad weather and dangerous areas can make cycling difficult. (53語)

解答例の訳

近ごろ，サイクリングは運動として人気の選択肢である。それは膝や腰を痛めることなく，健康を維持する良い方法を提供している。サイクリングは環境にも優しく，交通渋滞を引き起こさないので，社会にとっても良い。マイナス面としては，悪天候や危険な場所ではサイクリングが困難になることがある。

解説 まず，問題文が大きく3つの段落からできていることを確認しよう。第1段落では「人々が取り組むさまざまな運動の形態」について述べられている。第2段落では「サイクリングが人々に好まれる理由」がいくつか指摘され，第3段落では「サイクリングにふさわしくない場面状況」について書かれている。こうしたことから，この文章全体のテーマが「サイクリング」であることがわかる。

　第1段落では，some people ... / while others ... という表現を用いて異なる2つの運動の種類を挙げた後に，other options の1つとして「サイクリング」を紹介している。

　第2段落では，「サイクリングが人々に好まれる理由」として，第2文と第3文でサイクリングのプラス面を2つ述べている。

　第3段落では，冒頭の However という語に注目しよう。「しかしながら」という逆接・対比の意味を表す語なので，第2段落に書かれていたサイクリングのプラス面から一転して，サイクリングのマイナス面が書かれていると判断できる。また，段落中ほどの Also という語から，その前後に2つの事柄が書かれていることが予測できる。

　要約問題は，「内容・構成・語彙・文法」という4つの観点に基づいて採点される。まず「内容」の観点として，上述した「運動の1つとしてのサイクリング（トピックの導入）」「サイクリングが人々に好まれる理由」「サイク

リングのマイナス面」の3つの点は必ず含めよう。一方，「構成」の観点では，解答例のように問題文に即して論理が展開するように，As for ... というつなぎ言葉を適切に使い，各段落の要旨をつなげる。その際に，解答例では，問題文中の表現をそのまま繰り返すのではなく，a very popular way を a popular choice と，does not produce CO_2 を environmentally friendly と言い換えたり，マイナス面について negative side と抽象的に表現したりしている点に注目しよう。また，it does not cause too much stress on the knees and back という「文」を without hurting を使って「句」の表現に置き換えたり，第2段落最終文後半の内容を making it good for society「(結果的に) 社会にとって良い」と分詞構文を使って表したり，第3段落全体の内容を make O C「O を C にする」の第5文型を用いて表現したりして，問題文の内容をコンパクトにまとめている点を参考にしたい。解答例以外で使える表現としては，サイクリングが健康に役立つことを Cycling is useful to stay fit. と表したり，healthy「健康に良い」を用いて表したりすることができる。

5

問題の訳
TOPIC：最近，ペットに多くのお金を費やす人がいます。今後，より多くの人がそうするようになると思いますか。
POINTS：健康・ペットサービス・費用

解答例①

I think more people will spend a lot of money on their pets. First, many people care about their pets' health because they feel that their pets are part of their family. They often buy expensive food for them and pay for better medical care. Second, many people notice this trend and there are more new pet services. For example, there are more pet hotels where owners can leave their pets when they go on vacation. In conclusion, I believe the number of people who spend a lot of money on their pets will increase. (95語)

解答例①の訳

より多くの人がペットに多くのお金を費やすようになると思います。第一に，多くの人は，ペットを家族の一員だと思っているため，ペットの健康を気づかいます。彼らはしばしばペットのために高価な食べ物を買ったり，より良い医療にお金を支払ったりします。第二に，多くの人がこの傾向に気づき，新しいペットサービスが増えています。例えば，飼い主が休暇に出かけるときにペットを預けられるペットホテルが増えています。結論として，ペットに多くのお金を費やす人の数は増えると思います。

解説　解答例①は Yes の立場で，POINTS の Health と Pet service を用いて意見を述べている。この解答例では，Yes の立場を明らかにした後，2文目以降でその理由を First, ...「第一に…」，Second, ...「第二に…」を用いて説明している。また，2番目の理由では，new pet services「新しいペットサービス」を取り上げ，For example, ...「例えば…」を用いてその具体例を挙げている。そして結論では，In conclusion, ...「結論として…」を用い，TOPIC とは異なる表現を使って文章を締めくくっている。

　このほか，Yes の立場の理由としては，少子化や高齢化社会に言及してもよいだろう。

　なお，本問のように，「〜が増える」を用いて意見を述べる機会は多い。ここでまとめておくと，TOPIC の more people will ... のように主語に more をつけたり，解答例の there are more new pet services のように〈there are more（and more）＋名詞〉で表したり，the number「数」を用いて the number of 〜 will increase と表すこともできる。この機会に「数の増減」を表す文を練習しておこう。

I do not think more people will use a lot of money on their pets. First, the number of people who own animals as pets will decrease greatly in the near future. Instead, people will get robots as pets, which are a lot easier to take care of and cheaper to maintain. Second, people have to spend money on other things. As the price of land, houses, food, and everything rises, it will become more difficult for people to spend money on animals. Therefore, I think there will be fewer people who spend money on pets. (96語)

解答例②の訳

より多くの人がペットに多くのお金を費やすようになるとは思いません。第一に，近い将来ペットとして動物を飼う人の数は大幅に減るでしょう。その代わり，人々は面倒をみるのがはるかに簡単で維持する費用も安価なロボットをペットとして所有するようになります。第二に，人々はほかの物事にお金を費やす必要があります。土地，家，食料などあらゆるものの価格が上がっているので，動物にお金を費やすことはより難しくなっていくでしょう。従って，ペットにお金を費やす人は減ると思います。

解説 解答例②では，POINTSのCostを取り上げて，費用の観点から大きく2つの視点でまとめている。まずは，将来的に維持費用がかからないロボットペットに置き換えられていく可能性に触れ，さらに実生活を送る上で物価上昇に伴うペット以外の物事への出資の必要性を挙げて，反対意見を述べている。この解答例でも，Noの立場を明らかにした後，2文目以降でその理由をFirst, ...「第一に…」，Second, ...「第二に…」を用いて説明し，最後はTherefore, ...「したがって…」を用い，TOPICとは異なる表現を使って文章を締めくくっている。

このほか，Noの立場としては，ペットを飼いにくい住環境などの視点から述べることもできるだろう。

Day
4

リスニングテスト
解答と解説

問題編 p.70〜74

リスニング

第1部	問題	1	2	3	4	5	6	7	8	9	10	11	12	13	14	15
	解答	4	2	4	4	3	3	2	3	3	3	4	3	4	1	3

第2部	問題	16	17	18	19	20	21	22	23	24	25	26	27	28	29	30
	解答	4	4	1	4	3	3	1	3	2	3	4	1	1	3	4

第1部　🔊065〜080

No. 1　解答 4

☆：I'm really sorry I'm late, Ken. I got caught in traffic. There was an accident on the highway.

★：Don't worry about it. I've only been waiting for five minutes. I was late, too.

☆：Did you get caught in traffic, too?

★：No, I took the train, but it was delayed because of the bad weather.

Question: Why was the woman late?

☆：遅れて本当にごめんなさい，ケン。渋滞に巻き込まれたの。幹線道路で事故があって。

★：それについては気にしないで。5分待っていただけだよ。僕も遅れたんだ。

☆：あなたも渋滞に巻き込まれたの？

★：いいや，電車で来たんだけど，ひどい天候で遅れたんだよ。

質問：なぜ女性は遅れたのですか。

1 電車が遅れた。　　　　　　　　　　**2** 天候が悪かった。
3 車が故障した。　　　　　　　　　　**4** 交通渋滞があった。

解説　男女双方がそれぞれ遅れた原因を述べているので，混同しないことが大切。女性の遅刻の原因は，冒頭の発言から明らか。I got caught in traffic. と言っており，その理由がan accident on the highway ということなので，**4**が正解。選択肢**4**のa traffic jamは「交通渋滞」の意味で，会話中の表現との言い換えにも注意。

No. 2　解答 2

★：Excuse me, but would it be all right if we switched seats? My friend and I are seated in different rows.

☆：Certainly. Where is your seat?

★：It's 27A. It's a window seat. Hopefully, that's more comfortable than your middle seat.

☆：Ah, I see. That should make the flight a little more pleasant. Thank you!

Question: Where is the conversation taking place?

★：すみません，席を交換していただいても構いませんか。友人と私の座席が違う列なのです。

☆：もちろん。あなたの席はどちらですか。

★：27Aです。窓側の席です。あなたの中央の席よりも快適だといいのですが。

☆：ああ，わかりました。おかげでフライトが少し快適なものになるでしょう。ありがとうございます！

質問：会話はどこで行われていますか。

1	電車内。	2	機内。
3	劇場。	4	レストランの店内。

解説 女性の最後の発言にある flight という単語の聞き取りが全て。座席番号27A や window seat という表現からも選択肢は絞り込めるが，make the flight a little more pleasant と言っているので，飛行機内で行われている会話だとわかる。よって **2** が正解。

No. 3 解答 **4**

★：Hello?

☆：Hi honey, would you mind coming to pick me up? It's raining heavily outside.

★：Sure, I can do that. But, didn't you say that Andrea was going to take you home by car?

☆：She suddenly got sick while eating and went home. I had to finish my dinner alone.

★：Oh, no. I hope she's okay. Anyway, I'll be there in a few minutes.

Question: What is the woman's problem?

★：もしもし？

☆：ねえあなた，車で迎えに来てもらえないかしら。外が土砂降りなの。

★：もちろん，迎えにいけるよ。でも，アンドレアが君を車で家に送る予定だって言っていなかった？

☆：アンドレアは食事中，急に気分が悪くなって帰宅したのよ。私は1人で夕食を取らなければならなかったの。

★：なんてこった。彼女が大丈夫だといいけれど。とにかく，数分後にはそちらに着くよ。

質問：女性の問題は何ですか。

1	傘をなくした。	2	気分が悪い。
3	電車が止まった。	4	友人が早く帰宅した。

解説 女性の依頼の内容は車で迎えに来てもらうことだが，男性の発言からそれが想定外のことだとわかる。女性は2回目の発言で，車で送ってくれるはずだった友人の女性が体調不良のため先に帰宅してしまったことがその理由だと答えていることから，正解は **4** である。

No. 4 解答 **4**

★：Hi Jane. How's the new part-time job going?

☆：Not very well, to tell the truth. In fact, I'm thinking of quitting. The owner is really difficult and he's always complaining about the work I do.

★：That's a shame. How about the pay?

☆：The pay is fine, but it would need to be double to get me to keep on working there.

Question: What does the woman think about her new job?

★：やあ，ジェーン。新しいアルバイトはどう？

☆：あんまりうまくいってないの，正直なところ。実はね，辞めようかと思っているの。オーナーが本当に気難しい人で，私がやる仕事にいちいち文句をつけるのよ。

★：それはお気の毒に。給料はどうなの？

☆：給料はいいんだけど，あそこで働き続けるには2倍は必要だわ。

質問：女性は新しい仕事をどう思っていますか。

1	給料がとても悪い。	2	休憩する時間がない。
3	仕事がとても面白い。	4	自分の上司が好きではない。

解説 女性の最初の発言から，仕事に対して否定的な感情を抱いていることがわかり，続けて，The owner is really difficult と上司に対する不満を述べている。給料に関しては，最後の The pay is fine という発言から特に不満はないと思われるので，**4** が正解だと判断できる。

Day
5

No. 5　解答　3

☆：Honey, aren't you ready yet? I think we need to leave soon.

★：Well, look at you! You look very nice. Why are you so dressed up?

☆：I can't believe it! Today is my birthday, and you promised to take me out for an expensive meal, didn't you?

★：Oh, no! I'm sorry. Give me ten minutes and I'll be ready.

Question: Why is the woman angry?

☆：あなた，まだ準備できていないの？　そろそろ行かないといけないと思うんだけど。

★：おや，どうしたんだい，君！　すごくきれいだよ。どうしてそんなに着飾っているの？

☆：信じられない！　今日は私の誕生日で，高級な食事に連れていってくれるって約束したじゃない。

★：うわー！　ごめん。10分待ってくれたら準備できるから。

質問：なぜ女性は怒っているのですか。

1 10分間待った。
2 男性が素敵な服を持っていない。
3 男性が約束を忘れた。
4 食事が高すぎる。

解説　女性の2回目の発言の聞き取りが最大のポイント。you promised to take me out と言う女性に対して，男性がOh, no! I'm sorry. と謝っていることから，男性が女性との約束を忘れていたことがわかる。従って正解は **3**。so dressed up や Give me ten minutes などの情報を取り違えないようにしよう。

No. 6　解答　3

☆：It's a pleasure to meet you, Dr. Johnson.

★：Welcome to Hawaii, Professor Nixon. I hope the conference tomorrow will be successful. I heard you'll be here for a week. Do you have dinner plans tonight?

☆：Actually, I do. A friend from college lives here in Honolulu. How about tomorrow?

★：Tomorrow's fine. I'd like to introduce you to my staff while you're here.

Question: What is one thing we learn about the woman?

☆：お会いできてうれしく思います，ジョンソン博士。

★：ハワイへようこそ，ニクソン教授。明日の会議が成功することを祈っています。ここには1週間いらっしゃると伺いました。今夜の夕食の予定はありますか。

☆：実は，あります。大学時代の友人がここホノルルに住んでいるんです。明日はいかがですか。

★：明日でいいですよ。あなたがここにいらっしゃる間に私のスタッフを紹介したいのです。

質問：女性についてわかることの1つは何ですか。

1 ホノルルに住んでいる。
2 明日ハワイを去る。
3 今晩友人と会う。
4 ジョンソン博士のスタッフをよく知っている。

解説　選択肢に対応する情報を丁寧に聞き取る必要がある。男性の Welcome to Hawaii, Professor Nixon. から **1** ではない。また，I heard you'll be here for a week. の発言から **2** も正解とは異なる。最後に男性が I'd like to introduce you to my staff と言っていることから **4** も誤り。女性の2回目の発言から，**3** が正解。

No. 7　解答　2

★ : OK, I'll take this bag and tie. I'd like to pay with this gift card.

☆ : Unfortunately, we can't accept a gift card for this tie.

★ : I thought this could be used for any item. I don't have enough cash with me now.

☆ : You can use the gift card to pay for the bag. Your change would be twenty-five dollars, so you could buy the tie in cash.

Question: What will the man probably do next?

★：それでは, このバッグとネクタイをください。このギフトカードで支払いたいのですが。

☆：あいにくこのネクタイにはギフトカードをご利用になれません。

★：これはどんな商品にも使えると思っていました。今, 十分な現金を持ち合わせていないのです。

☆：バッグのお支払いにギフトカードをご利用になれます。お釣りは25ドルになるので, ネクタイを現金でご購入いただけます。

質問：男性はおそらく次に何をしますか。

1 現金で購入品の代金を支払う。　　**2** ギフトカードで商品を1個買う。
3 近くの銀行に行く。　　　　　　　**4** 店長に電話する。

解説　男性の抱える問題点を正しく理解することが最大のポイント。バッグとネクタイを買いたいが, ネクタイにギフトカードが使えず, 十分な現金も持っていない男性に対して, 女性店員が「ギフトカードでバッグを買い, そのお釣りの現金でネクタイを買える」とアドバイスをしており, **2**が正解。

No. 8　解答　3

☆ : Hey, Bob, are you going to the museum with Sarah on Saturday?

★ : No, I'm not. We had a fight last week, so she hasn't invited me. I'm just going to stay home.

☆ : I hope you make up with her. Well, if you're free, would you like to join us in going to a rugby game?

★ : Sounds great. Thank you for inviting me.

Question: Why isn't the man going to the museum with Sarah?

☆：ねえ, ボブ。土曜日にサラと一緒に美術館に行くの？

★：いや, 行かないよ。先週けんかをしたから, 彼女は僕を誘わなかったんだ。ただ家にいようかと思って。

☆：仲直りできるといいわね。じゃあ, もし暇なら, 私たちと一緒にラグビーの試合に行く？

★：それはいいね。誘ってくれてありがとう。

質問：なぜ男性はサラと美術館に行かないのですか。

1 家でやることがあって忙しい。　　**2** ラグビーの試合に行く約束をした。
3 行こうと誘われなかった。　　　　**4** 恥ずかしくて彼女を誘えなかった。

解説　冒頭に出てきた表現が質問に使われているので, それに対する応答が正解ということになる。男性がWe had a fight last week, so she hasn't invited me. と言っていることから, **3**が正解である。ただし, 会話中の主語が女性なのに対して, 選択肢の主語は男性のため, 表現が変わっている点に注意が必要。

No. 9　解答　3

★：Cindy, I have a doctor's appointment at 10 a.m. tomorrow, so I'll miss the start of the meeting. Perhaps we can change the schedule.

☆：Yeah. We could wait for you until 12, instead of starting at 10:30.

★：That would be great. Could you tell everyone about the change?

☆：Sure. I'll send an email right now.

Question: What does the man ask the woman to do?

★：シンディ，明日の午前10時に医者の予約があって，会議の始まりに間に合わないんだ。たぶん僕らは予定を変更できるよね。

☆：ええ。10時半に始めるのではなくて，12時まであなたを待つことができるわ。

★：そうしてくれるとありがたいな。みんなに変更を伝えてもらえるかな？

☆：いいわよ。すぐにメールを送るわね。

質問：男性は女性に何を頼んでいますか。

1 病院の予約を変更する。　　　　　**2** 彼を待たずに会議を始める。
3 予定の変更を告知する。　　　　　**4** 医者にメールを送る。

解説　冒頭のやりとりから，男性からの会議の開始時刻変更の申し出を，女性が了承していることが聞き取れるかがポイント。the start of the meeting, change the schedule, wait for you until 12 などの表現が大きなヒント。男性の2回目の発言にある the change がこの変更を指すとわかれば，正解の**3**を選べるだろう。

No. 10　解答　3

☆：How may I help you, sir?

★：I bought this shirt here last week, but I want to exchange it. It's too tight around the chest. Here's my receipt.

☆：Certainly. Would you like a larger size in the same color?

★：That would be really great. The color and design go really well with my new jacket.

Question: Why does the man want to exchange the shirt?

☆：ご用件をお伺いいたします，お客様。

★：先週ここでこのシャツを買ったんですが，交換したいんです。胸周りがきつすぎるんです。これがレシートです。

☆：かしこまりました。同じ色でもっと大きいサイズのものがよろしいですか。

★：それがあればとてもいいです。色とデザインが私の新しいジャケットととてもよく合うんですよ。

質問：なぜ男性はシャツを交換したいのですか。

1 より良いデザインのものを買いたい。　　**2** その色が好みではない。
3 それが彼の体格にきちんと合わない。　　**4** それが彼のジャケットに合わない。

解説　男性の最初の発言から，購入したシャツを交換したがっていることを聞き取れるかがポイント。その理由として It's too tight around the chest. と述べているが，最後の発言の The color and design go really well with my new jacket. から，サイズ以外は満足していることになるので，**3**が正解。fit は「身体に合う」の意。

No.11 解答 4

★ : Excuse me, is Marvelous Bookstore in this shopping mall?

☆ : No, they moved to a new location last month.

★ : Oh, the guide book said they were at this address.

☆ : It must be out of date. I think an article in the newspaper mentioned they moved to the Forum Trade Center. You might try there.

Question: What is one thing the woman tells the man?

★ : すみません，マーベラス書店はこのショッピングモールの中にありますか。

☆ : いいえ，先月新しい場所へ移転しました。

★ : おや，ガイドブックにここの住所だとあったのですが。

☆ : それは古いのでしょう。新聞の記事にフォーラム・トレードセンターに移ったとあったと思います。そこへ行かれてみてはいかがでしょう。

質問： 女性が男性に言っていることの1つは何ですか。

1 彼女はマーベラス書店を聞いたことがない。　　**2** 彼女はフォーラム・トレードセンターで働いている。

3 彼はガイドブックを買うべきだ。　　**4** 彼は間違った情報を持っている。

解説　女性がthey movedと繰り返していることから，男性の目的の店は移転したことが推測される。さらに，女性は2回目の発言で男性の持っているガイドブックはout of dateだと言っていることから，情報が古いと指摘していることがわかる。しかし，新しいガイドブックを買うべきだとは言っていない。よって，**4**が正解。

No. 12 解答 3

☆ : The Royal Ocean Hotel. How may I help you?

★ : Hello, I'd like to reserve a deluxe twin room with an ocean view from May sixteenth through eighteenth.

☆ : I'm sorry, but all those rooms are booked. We have a deluxe room with a garden view or a suite.

★ : Then, I guess I'll take the suite.

Question: What kind of room does the man reserve?

☆ : ロイヤルオーシャン・ホテルです。ご用件をお伺いいたします。

★ : もしもし，5月16日から18日まで海の見えるデラックスツインルームを1室予約したいのですが。

☆ : 申し訳ございませんが，そうしたお部屋は満室でございます。庭園の見えるデラックスルーム，もしくはスイートルームならございます。

★ : では，スイートルームを予約することにします。

質問： 男性が予約するのはどんな部屋ですか。

1 海の見える部屋。　　**2** デラックスツインルーム。

3 スイートルーム。　　**4** 庭園の見える部屋。

解説　冒頭のHotel，reserve，twin roomなどの表現から，ホテルの予約の電話だと判断できる。女性が2回目の発言でI'm sorry, but all those rooms are booked. に続けて異なるタイプの部屋の提案をしたところ，男性がI'll take the suiteと返していることから，正解は**3**だとわかる。suiteはスイートルームの意味。

No. 13 解答 4

★：Hi Debbie. Are you feeling any better with the cold medicine I gave you?

☆：Yes, Dad. My fever's gone, but I'm worried I might miss my soccer game tomorrow.

★：I'll call your coach later today and tell him you might be absent. Do you need to see the doctor?

☆：No, I think I'll be all right, thanks.

Question: How did the man help the girl?

★：やあ，デビー。僕があげた風邪薬で少しは気分がよくなったかい？

☆：うん，お父さん。熱は下がったけれど，明日のサッカーの試合には出られないんじゃないかと心配なの。

★：今日，後でコーチに電話をして，お前が欠席するかもしれないと伝えておくよ。お医者さんに診てもらう必要はあるかい？

☆：ううん，大丈夫だと思う，ありがとう。

質問：男性はどのように女の子を助けましたか。

1 彼女のサッカーチームの指導をした。　　**2** 彼女の学校に電話をかけた。
3 彼女を医者へ連れていった。　　**4** 彼女に薬をあげた。

解説　冒頭の男性の発言の聞き取りが全て。Are you feeling any better with the cold medicine I gave you? と言っており，男性が風邪薬を渡したことがわかる。よって，**4**が正解。soccer game tomorrow や call your coach, need to see the doctor などの情報に惑わされないように気をつけたい。

No. 14 解答 1

★：Hi Claire, I was just at the flea market yesterday and bought a big collection of postage stamps.

☆：Oh really? Were there any interesting stamps in it?

★：Yes, there were a few. There were also a few I already had, so I was wondering if you'd want to look through them to see if you need any for your collection.

☆：Yes, I'd love that. Thanks so much.

Question: What are the man and woman talking about?

★：やあクレア，ちょうど昨日フリーマーケットに行ってね，郵便切手の大きなコレクションを買ったんだ。

☆：あら，本当に？　その中に面白い切手はあった？

★：ああ，いくつかあったよ。僕がすでに持ってるのも何枚かあったから，君がコレクションに欲しいのがないか，見たいんじゃないかと思って。

☆：ええ，ぜひ見せてほしいわ。どうもありがとう。

質問：男性と女性は何について話していますか。

1 2人共通の趣味。　　**2** 送る予定の荷物。
3 2人が行った買い物。　　**4** 電車の切符のコレクション。

解説　冒頭の男性の発言から切手コレクションが話題になっていることは明らか。男性の2回目の発言に for your collection という発言があり，女性も同じように切手収集の趣味があると推測できる。最後に女性が I'd love that と言っていることから，男性の提案に喜んでいるとわかる。従って，**1**が正解。

No. 15 解答 3

☆ : Ben, can you go to the supermarket and pick up some things for me?	☆ : ベン，スーパーに行って私のために買い物してきてくれないかしら。
★ : Sure, Mom. What should I get?	★ : いいよ，ママ。何を買ってくればいいの？
☆ : I'm just making a list. I need some sausages, spaghetti sauce, cheese, and tomatoes for dinner. You can have some chocolate cake when you get home.	☆ : ちょうどリストを作っているところよ。夕飯のためのソーセージとスパゲティのソースとチーズとトマトが必要なの。家に帰ってきたらチョコレートケーキを食べていいわよ。
★ : Great! Oh, but can I just call Mike first? I want to ask him about today's homework.	★ : やった！　あ，でもまずマイクにちょっと電話してもいい？　今日の宿題について彼に聞きたいんだ。
Question: What does the woman ask the boy to do?	**質問：**女性は男の子に何をすることを頼みますか。

1 彼女の服を取ってくる。　　　　　　　　　**2** チョコレートケーキを買う。

3 店へ行く。　　　　　　　　　　　　　　　**4** 宿題をする。

解説　冒頭の親子のやりとりが聞き取れるかが正解への鍵。母親は can you go to the supermarket と述べているので，「店へ行く」の**3**が正解。その後に続く買い物の内容やご褒美のチョコレートケーキ，マイクへの電話など，いろいろな情報が出てくるので，質問をしっかり聞き取るようにしたい。

第 *2* 部　🔊 **081～096**

No. 16 解答 4

Masaru is a very good swimmer. When he was a junior high school student, he won first prize at a school competition. When he was in high school, he won second prize at a national competition. He then took a first aid and lifesaving course and went to Australia, where he is working as a lifeguard so that he can always be near the sea.

Question: Why did Masaru go to Australia?

マサルは水泳が得意だ。彼は中学生のとき，学校の競技会で1位になった。高校在学中に，彼は全国大会で2位になった。彼はその後，応急手当と救命のコースを受講してオーストラリアに行き，そこでいつも海の近くにいることができるように水難救助隊員として働いている。

質問：なぜマサルはオーストラリアに行きましたか。

1 学校の競技会に参加するため。　　　　　　　**2** 応急手当と救命のコースを受講するため。

3 全国大会に向けて練習するため。　　　　　　**4** 水難救助隊員として水辺に住むため。

解説　放送文の最後の1文の聞き取りが最大のポイント。質問にもある Australia の後に関係副詞 where が続き，そこで he is working as a lifeguard と述べている。さらに，その理由として so that he can always be near the sea と続けており，**4**が正解。応急手当と救命のコースを受講したのはオーストラリアに行く前のこと。

Day
5

No. 17 解答 4

Good morning, shoppers. Let me introduce a few of the special bargains we have. For this weekend only, we're having a sale on French wines and cheeses in our delicatessen section. Many of these products will be sold at fifty percent off the marked price. You can also find some real bargains in our canned soup and vegetable aisles, so please hurry before these products sell out.

Question: What is one thing the speaker says?

おはようございます，お買い物客の皆様。特売についていくつかご紹介させていただきます。今週末に限り，お惣菜売り場ではフランス産ワインとチーズの特売を行っております。多くの商品が表示価格の50%引きで販売されます。缶入りスープおよび野菜の通路でもまた，本当にお買い得な品物を見つけられますので，これらの品物が売り切れになる前に，どうかお急ぎください。

質問：話し手が言っていることの1つは何ですか。

1 来週特売がある。

2 フレンチレストランで割引がある。

3 市場で50%割引券が配られている。

4 今週末は多くの品物が安い。

解説　放送文中で2つの特売の情報が述べられている上に，選択肢にも紛らわしい表現が含まれているので，慎重に検討したい。**2**のフレンチレストランや**3**の割引券配布は，放送文中では触れられていない。冒頭の For this weekend only, we're having a sale の表現から，**1**が除外され**4**が正解だと判断できる。

No. 18 解答 1

One of the most famous film festivals in the world is the Cannes Film Festival. The very first one was planned in 1939. Unfortunately, the Second World War began and it had to be canceled. After the war had ended, it was finally held in 1947, but due to budget problems, the event didn't take place in 1948 and 1950. Since then, the festival has successfully kept attracting many movie fans.

Question: Why was the first Cannes Film Festival canceled?

世界で最も有名な映画祭の1つが，カンヌ映画祭である。一番最初の開催は1939年に予定されていた。残念ながら，第二次世界大戦が始まり，中止せざるを得なかった。戦争が終わった後，1947年についに開催されたが，予算の問題で1948年と1950年にはそのイベントは開催されなかった。それ以降は，多くの映画ファンを魅了し続けることに成功している。

質問：なぜ最初のカンヌ映画祭は中止されたのですか。

1 世界大戦が勃発した。

2 予算の問題があった。

3 創設者が計画を気に入らなかった。

4 映画ファンにまだ知られていなかった。

解説　冒頭の1文から the Cannes Film Festival に関する話題だと把握できるかがポイント。その後に開催の経緯が述べられており，Unfortunately に続く1文が聞き取れれば正解の**1**が選べるだろう。ずばり，世界大戦のために it had to be canceled と言っている。budget problems は最初の開催中止の理由ではなく，founder に関する言及はない。

No. 19 解答 4

Welcome to the Lindbrooke History Museum. Every day this week, we have a special guest from the University of Lindbrooke, Dr. Carl Robert. Dr. Robert will give a speech on how life in Lindbrooke was in the early 1900s. Admission is free, so please come to the Common Hall at the west end of the museum. His interesting talk will start at four and last about thirty minutes.

Question: What will Dr. Carl Robert do?

リンドブルック歴史博物館へようこそ。今週は毎日，リンドブルック大学のカール・ロバート博士を特別ゲストとしてお呼びしております。ロバート博士は，1900年代初頭のリンドブルックの生活はどうだったのかについ

て講演をします。入場は無料ですので，博物館西端のコモンホールまでお越しください。博士の興味深いお話は，4時に始まり，約30分間続きます。

質問：カール・ロバート博士は何をしますか。

1 リンドブルック歴史博物館を開館する。　　**2** 特別講師を紹介する。

3 リンドブルックで新しい生活を始める。　　**4** リンドブルックでの生活について話をする。

解説　冒頭の1文から博物館の館内放送だとわかる。続いて，we have a special guest ... Dr. Carl Robert. Dr. Robert will give a speech ... と述べられているので，ゲストの博士が何らかの講演をするとわかる。さらに，そのテーマがhow life in Lindbrooke was in the early 1900sということなので，**4**が正解である。

No. 20 解答 3

Lucas is getting ready for his first year at college. Since it is his first time to live away from home, he wanted to be especially prepared for his new life. He has already found a place to live near the college campus, and has bought the books for his classes. He is looking forward to making new friends, but is a bit concerned about having to prepare his own meals.

Question: What is Lucas worried about?

ルーカスは大学での初年度の準備をしている。家から離れて生活するのは初めてなので，新生活のために特に準備をしておきたかった。すでに大学のキャンパスの近くに住む場所を見つけてあり，授業のための本も買ってある。彼は新しい友人ができるのを楽しみにしているが，自分の食事の用意をしなければならないことを少し心配している。

質問：ルーカスは何を心配しているのですか。

1 授業の準備をすること。　　　　　　　**2** 住む場所を探すこと。

3 自分で料理をすること。　　　　　　　**4** 新しい友人を作ること。

解説　選択肢にある表現が放送文中にもたくさん出てくるので，聞き取りを丁寧に行う必要がある。順調に進む準備の説明の最後に逆接のbut が出てくるので，この後にネガティブな内容が続くと予想できる。concerned about ... prepare his own mealsとあるので**3**が正解である。放送文のconcerned aboutが質問ではworried aboutと言い換えられている。

No. 21 解答 3

Last summer, Diana went on holiday to Malta, a tiny island halfway between Italy and Africa. Diana really enjoyed her holiday, especially the festivals held in each village, but she was amazed by one thing. Most of the shops closed in the middle of the afternoon for about three hours. Malta has the custom of siesta, in which people take a nap and save their energy during the hottest time.

Question: Why was Diana surprised?

昨年の夏，ダイアナは，イタリアとアフリカの中間にある小さな島のマルタ島へ休暇を過ごすために行った。ダイアナは休暇をとても楽しみ，特にそれぞれの村で開かれる祭りをとても楽しんだが，1つびっくりさせられたことがあった。多くの店が真昼に3時間ほど閉まるのだ。マルタ島にはシエスタの習慣があり，シエスタでは人々が最も暑い時間に昼寝をしてエネルギーをとっておくのだ。

質問：なぜダイアナは驚いたのですか。

1 マルタ島はとても小さかった。　　　　**2** それぞれの村に独自の祭りがあった。

3 多くの店が午後の間に閉まった。　　　**4** マルタの夏はとても暑かった。

解説　放送文の中ほどにあるbut she was amazed by one thingの聞き取りがポイント。この後に具体的な事柄が述べられると予想できる。直後にMost of the shops closed in the middle of the afternoon for about three hours. と続いていることから，正解は**3**。閉店する理由がさらにその後に続いている。

No. 22 解答 1

Portland, Oregon, is a beautiful city, famous for its parks and gardens. It is also famous as an eco-friendly city. Its public transportation system is so cheap and efficient that many people use it rather than their own cars. They can use trains, buses, streetcars, and an aerial tram. There are also good bike lanes, too. Portland's system has allowed the city to cut greenhouse gas emissions to what they were before 1990.

Question: What is one thing we learn about Portland?

オレゴン州ポートランドは美しい都市で，公園や庭園で有名である。その都市は環境に優しい都市としても有名である。ポートランドの公共交通システムは料金がとても安く効率的なので，多くの人々が，自分たちの車の代わりに利用している。彼らは電車，バス，路面電車，そしてロープウェイを使うことができる。また，立派な自転車専用レーンもある。ポートランドのシステムは，市の温室効果ガスの排出を1990年以前のレベルまで削減することを可能にしている。

質問：ポートランドについてわかることの1つは何ですか。

1 多様な移動手段がある。 　　　　　　　2 温室効果ガスがゼロに近い。

3 公共交通を利用する人はほとんどいない。 　4 その都市には変わった公園がたくさんある。

解説 冒頭の1文から，ある都市の説明だとわかるので，情報を丁寧に押さえていきたい。直後にeco-friendly cityと続き，Its public transportation system is so cheap and efficientと述べた後に，複数の具体的な交通手段が挙げられていることから，選択肢**1**の「多様な移動手段」が正解だとわかる。

No. 23 解答 3

Fred is a second-year student at a university in Britain. He wants to join a local football club, so he is going to attend trials for the club. However, his parents don't want him to play football because they think it will take time away from studying. Fred thinks that he can manage both his studies and football, so he is now practicing hard for the trials.

Question: How is Fred planning to join a football club?

フレッドはイギリスの大学の2年生である。彼は地元のサッカークラブに入りたいと思っているので，クラブの入団テストに参加する予定だ。しかし，彼の両親は，そのことが勉強する時間を奪うと考えているため，彼にサッカーをしてほしくないと思っている。フレッドは勉強とサッカーを両立できると考えているため，現在，入団テストに向けて一生懸命練習している。

質問：フレッドはどのようにしてサッカークラブに入団する予定ですか。

1 新しいテクニックを勉強することによって。 　2 大学を変えることによって。

3 テストに合格することによって。 　　　　4 授業に出席することによって。

解説 冒頭の2文の聞き取りが正解への鍵。最後の1文もだめ押しのヒントになるが，ここではtrialsが「入団テスト」の意味だとわかるかどうかが大きなポイント。質問の内容から，**2**や**4**のような選択肢は少し考えにくい。

No. 24 解答 2

Emily has had her hair long for all of her life, but decided to cut it off when she graduated high school. She wanted to make good use of her hair, so she applied for a charity that uses hair to make wigs for people who have lost their hair to disease. Now she is enjoying her new hairstyle. She is happy that she could help someone who was in need.

Question: What did Emily do with her hair?

エミリーは生まれてからずっと髪を長く伸ばしていたが，高校を卒業するときに切ることに決めた。彼女は自分の髪を有効に利用したいと思ったので，病気で髪を失ってしまった人々向けのかつらを製作するのに髪を活かし

ている慈善団体に申し込んだ。彼女は現在，新しいヘアスタイルを楽しんでいる。彼女は困っている人の役に立てたことをうれしく思っている。

質問： エミリーは自分の髪をどうしましたか。

1 卒業後，さらに伸ばした。   **2** ほかの人の役に立つように利用した。

3 ヘアスタイリングの練習に使った。   **4** 新しい色に染めた。

解説 冒頭から2番目の文が聞き取れれば，正解の**2**を選ぶことは難しくない。エミリーは切った自分の髪の毛を役立てたいと思い，applied for a charity that uses hair to make wigs for people という行動を取った。つまり，「誰かのために活かそうとした」のである。

No. 25 解答 3

My name is Nancy and I'll be your guide for today's tour. First, we will walk to the morning market, where you can look for souvenirs. Next, we'll tour the clock museum until lunchtime. We will then go to a nearby restaurant for a traditional Swiss meal. Please make sure to keep your museum ticket which gives you a 10 percent discount at the restaurant. I hope you enjoy your time with us.

Question: What does the speaker ask the listeners to do?

本日のツアーガイドを務めさせていただきますナンシーと申します。最初に朝市まで歩いて行きますが，そこでおみやげをお探しになることができます。次に，昼食時まで時計博物館を見て回ります。それから，伝統的なスイス料理を食べに近くのレストランへ行きます。レストランで10％割引になる博物館のチケットをお持ちになることをどうぞお忘れなく。私どもと一緒に，楽しく時間をお過ごしになれるよう祈っております。

質問： 話し手は聞き手に何を頼んでいますか。

1 おみやげとして時計を買う。   **2** 伝統的なスイスの靴を試着する。

3 レストランへチケットを持っていく。   **4** 博物館内では静かにする。

解説 guide，tour という語から，旅の行程の説明が続くと予想できるが，質問は「ガイドが観光客に頼んでいること」なので，時間や場所以外のガイドの発言の聞き取りが鍵となる。Please make sure で始まる文が観光客への依頼内容であり，**3**が正解。

No. 26 解答 4

Alan works with his friend Cynthia on a comic book that he publishes online. They usually chat online about their plans. Alan writes the script and Cynthia draws the pictures. Sometimes it is hard to describe what to draw, so Alan may draw what he wants to appear on the page. His drawings are not very good, but they are sometimes the best way to show Cynthia what he wants.

Question: What does Cynthia do?

アランはインターネット上で公開する漫画に，友人のシンシアと取り組んでいる。彼らはいつも構想についてオンライン上でチャットしている。アランが脚本を書き，シンシアが絵を描く。何を描いたらいいか説明するのが難しい場合もあるため，ページに載せたいと思うものをアランが描くこともある。彼のスケッチはあまり上手ではないが，それは彼が望んでいるものをシンシアに伝えるには最善の方法となる場合がある。

質問： シンシアの仕事は何ですか。

1 インターネット上で漫画を販売する。   **2** ウェブチャットを取りまとめる。

3 脚本を書く。   **4** ページにイラストを入れる。

解説 2人がそれぞれに行う作業が，3文目 Alan writes the script and Cynthia draws the pictures. に述べられている。draws the pictures を illustrates the pages と言い換えた**4**が正解。漫画を「販売する」とは言っていない。また，チャットは構想を相談する手段で，脚本はアランの仕事である。

No. 27 解答 **1**

Good evening. Today, Mickey Wang, a world-famous actor reported his two dogs missing from his house yesterday. The dogs are black Labradors, and their names are Max and Toby. Some people reported seeing the two dogs in the city park. If anyone has any information about Max and Toby, please contact the police directly. Mickey has offered a reward of ten thousand dollars for their safe return.

Question: What is the news story about?

こんばんは。今日，世界的に有名な俳優であるミッキー・ワンが，昨日彼の家から2匹の犬がいなくなったと報告しました。その犬は黒いラブラドールで，名前はマックスとトビーです。街の公園でその2匹の犬を見かけたという報告もあります。何かマックスとトビーに関する情報をお持ちの方は，直接警察へご連絡ください。ミッキーは彼らが無事に戻ってくることに1万ドルの謝礼を提示しています。

質問：ニュースは何についてのものですか。

1 いなくなったペットに関する情報の依頼。 **2** 行方不明の子どもへの慈善事業。

3 1万ドルを見つけた男。 **4** 有名な俳優へのインタビュー。

解説 two dogs missing from his houseやany information, please contact the policeなどの表現から，英文の趣旨が行方不明の犬の捜索だと推測できる。よって，**1**が正解。a world famous actor reportedやa reward of ten thousand dollarsなどの表現から，選択肢の**3**や**4**を選ばないようにしたい。

No. 28 解答 **1**

Hedy Lamarr was a famous Hollywood actress and also a great inventor. Her most important accomplishment was inventing a "Secret Communication System." In order to help the U.S. Navy hide radio-guided underwater missiles from their enemy, she invented a system for switching signals constantly to avoid being detected. The Navy did not use her system at that time, but it became the basis of today's Wi-Fi and other wireless communications.

Question: How did Hedy Lamarr's invention work?

ヘディ・ラマーはハリウッドの有名な女優であり，また偉大な発明家でもあった。彼女の最も重要な偉業は「秘密通信システム」の発明だった。アメリカ海軍が無線誘導式水中ミサイルを敵から隠すのを助けるため，感知されないように，信号が絶えず切り替わるシステムを発明したのだ。海軍は当時，彼女のシステムを使わなかったのだが，それは今日のWi-Fiやそのほかの無線通信の基礎となった。

質問：ヘディ・ラマーの発明品はどのように機能しましたか。

1 信号を頻繁に変えた。 **2** Wi-Fiサービスを提供した。

3 偽のメッセージを作り出した。 **4** 彼女の声を放送した。

解説 個人名は知らなくても，a great inventorから有名な発明家の話だと推測できる。その発明は "Secret Communication System" であり，その内容はa system for switching signals constantlyだったとあるので，正解は**1**。Wi-Fiについては，今日への基礎になっただけで，当時そのサービスを提供したわけではない。

No. 29 解答 **3**

Walter wanted to walk more for exercise but soon became tired. He was looking for a way to walk more and decided to park his car a block away from work. After a week, he parked two blocks away. He kept parking farther and farther away until he was walking more than a mile to work each day. He gradually got to know the neighborhood around his office better, too.

Question: What problem did Walter have?

ウォルターは運動のためにもっと歩きたかったが，すぐに疲れてしまっていた。彼はもっと歩く方法を探していて，会社から1ブロック先に車を停めることに決めた。1週間後には，2ブロック先へ停めた。会社まで1日あた

り1マイル以上歩くことになるまで，どんどん遠くに停め続けた。徐々に会社の周りの近隣のこともよくわかるようになった。

質問：ウォルターにはどんな問題がありましたか。

1 仕事へ行くのに駐車場を見つけるのが難しかった。

2 会社から遠すぎるところに住んでいた。

3 長い時間歩けなかった。

4 自分の近隣について知らなかった。

解説 冒頭の1文から正解は**3**。最後の1文に惑わされないように注意しよう。会社周辺を知るようになったのは徒歩通勤をした結果なので，**4**は不正解。元々体力不足を実感していたが，kept parking farther and farther away とすることで歩く体力を少しずつ身につけたことがわかる。

No. 30　解答　4

A shield volcano is a type of volcano, which is wide but not tall. It has this name because it looks like a warrior's shield lying on the ground. A shield volcano is shaped like this due to the watery lava. The lava can flow for a long time and a far distance before cooling and turning into rock. This creates a volcano shape that is wide and not steep.

Question: What is one thing we learn about shield volcanoes?

楯状火山は火山の種類の1つで，幅は広いが高さがない。この名がついているのは，地面に横たえられた戦士の楯のように見えるからである。楯状火山がこのような形をしているのは，水状の溶岩のためだ。その溶岩は冷えて岩石となる前に，長い時間をかけて遠くまで流れることができる。これにより，幅広く緩やかな火山の形が作り出されるのだ。

質問：楯状火山についてわかることの1つは何ですか。

1 火山の中で最も高さのある種類である。　　**2** とても急な傾斜を作り出す。

3 主に島の上に見られる。　　**4** 長い時間をかけて幅が広くなる。

解説 冒頭の A shield volcano is a type of volcano から，火山の説明が続くと考えられるので，その特徴の把握に注意を払いたい。wide but not tall, flow for a long time and a far distance, wide and not steep の箇所が聞き取れれば，正解の**4**を選べるだろう。なお，選択肢**3**については一切言及されていない。

Day
5

筆記試験＆リスニングテスト
解答と解説

問題編 p.81〜96

筆記

1	問題	1	2	3	4	5	6	7	8	9	10	11	12	13	14	15	16	17
	解答	3	3	2	1	2	1	1	3	1	2	4	1	4	2	4	1	1

		A			B		
2	問題	18	19	20	21	22	23
	解答	2	4	1	3	1	4

		A				B			
3	問題	24	25	26	27	28	29	30	31
	解答	4	2	1	1	4	1	2	2

4	解答例参照

5	解答例参照

リスニング

第1部	問題	1	2	3	4	5	6	7	8	9	10	11	12	13	14	15
	解答	2	1	3	1	3	4	4	1	3	1	1	4	3	1	1

第2部	問題	16	17	18	19	20	21	22	23	24	25	26	27	28	29	30
	解答	2	1	4	2	3	3	3	1	4	2	1	4	2	2	1

1

(1)　解答 **3**

「ジェニーは最初ボーイフレンドのデイビッドが遅刻したことに腹を立てていたが，彼があまりにも申し訳なさそうなので，許してあげた」

解説　forgave は forgive「〜を許す」の過去形。Jenny was angry ... の節に逆接の接続詞 but が続いている点，続く節中の so 〜 that ... 構文に着目して正解を導き出す。prevent「〜を妨げる」，replace「〜に取って代わる」，inspire「〜を鼓舞する」。

(2)　解答 **3**

A「私はボブのことを本当に素晴らしいと思いますよ。あなたはどうですか」

B「もちろん私もです。彼は良い上司というだけではなく，子どもたちの素晴らしい父親でもありますから」

解説　admire「〜を立派だと思う，〜に感心する」。Aの意見に同意しているBの，ボブに対する人物評をヒントに，空所に入るべき語を推測する。reject「〜を拒絶する」，expect「〜が来るのを待つ」，consider「〜を考慮に入れる」。

(3)　解答 **2**

「ガードナー一家の親切を私たちは決して忘れはしない。ロンドン滞在中，一家からしばしば温かいもてなしを受けた」

解説　receive warm hospitality は「温かいもてなしを受ける」という意味。hostility「敵意」，facility「施設」，sincerity「誠実」。

(4)　解答 **1**

「サマンサは，自分の少ない給料では車を買う余裕がな

いため，2つの違うバスを乗り継いで仕事に行かなければならない」

解説 文全体の内容から，「（経済的・時間的・心理的に）〜する余裕がある」という意味を表すaffordが正解である。この問題のように，cannot afford to *do*「〜する余裕がない」という否定形で用いられることが多い。allow「〜するのを許す」，count「〜を数える」，regard「〜とみなす」。

(5) **解答** 2

「学生の多くは，自分たちの先生が世界中の政府から頻繁に助言を求められるような世界的に有名なイルカの権威であることをわかっていなかった」

解説 expert「専門家，権威」。ポイントは空所の後の前置詞onで，この場合「〜について，〜に関して」を表し，aboutよりも専門的な内容を暗示している。champion「優勝者」，professional「職業人，プロ」，pilot「操縦士，パイロット」。

(6) **解答** 1

A「この場所がかつてはふじみ村と呼ばれていたって知ってた？」

B「ええ。その地域のほかの村と合併してひとつの大きな市になったときに，名前を変えたって聞いたわ」

解説 Bの発言にI heard they changed the nameとあることから，ふじみ村と呼ばれていたのは昔のことだと考えられ，previously「以前は，かつて」が正解。accidentally「偶然に，思いがけなく」，consciously「故意に」，leisurely「のんびりした」。

(7) **解答** 1

「キムのピアノの先生はキムのピアニストとしての能力にほとんど疑いを持っていないが，彼女にプロのピアニストになる気があるのかどうかについては，はっきりとはわからない」

解説 doubt「疑い，疑念」が正解。空所の前のlittle「ほとんどない」が否定的な意味の語である点，逆接の接続詞butで2つの節が接続されている点などに着目し，意味がスムーズにつながるような語を選ぶ。excuse「言い訳，弁解」，argument「論争」，concern「心配，不安」。

(8) **解答** 3

「コンサートが終わったときには聴衆全員が立ち上がり，歌い手たちが戻ってきてもう1曲歌うまで，拍手喝采した」

解説 コンサート終了後に立ち上がって演者に拍手をする人は，audience「聴衆」である。program「プログラム，番組」，costume「衣装」，element「要素」。

(9) **解答** 1

A「ダンに何かあったの？　気落ちしているみたいだけど」

B「ビビアンの髪について冗談を言ったんだ。でも彼女はそれが侮辱的だと思って，ダンのことをひどく怒ったんだよ」

解説 got really angry with himとあるので，ビビアンがなぜ怒ったのかを考えると，彼女はダンの冗談をinsulting「侮辱的だ」と思ったとするのが自然である。humorous「ユーモアに富んだ」，educational「教育的な」，reasonable「道理にかなった」。

(10) **解答** 2

「ここ数年の統計に基づいて，警察は自動車事故の件数が今年はおそらく約5％増加するだろうと推定している」

解説 the police department「警察」がthat以下の内容をestimate「〜と推定する，〜と見積もる」という文である。describe「〜を描写する」，arrest「〜を逮捕する」，witness「〜を目撃する」。

(11) **解答** 4

A「トミー，あのトラックのU.N.っていう文字はどういう意味？」

B「the United Nations（国連）という意味だよ」

解説 stand for 〜は「〜を表す，意味する」で，意味的にrepresentやmeanに近い。account for 〜「〜の理由を説明する」，care for 〜「〜を好む，〜の世話をする」，make for 〜「〜の方へ進む，〜に役立つ」。

(12) **解答** 1

「ジョンは良い従業員で，約束にはいつも時間通りだ。会議に遅れたり欠席したりしたことは一度もない」

解説 on time「時間通りに」。a good workerやhas never been late or missed ...などからわかる前後の文脈から，入るべき語句を判断しよう。in demand「需要がある」，under pressure「プレッシャーを受けて」，at rest「静止して」。

(13) **解答** 4

「仕事で北京に住んでいる間，ケンはその機会を利用して，週末に現地の先生と中国語の勉強をした」

空所の後にopportunityが続いているので，take advantage of ～「（機会など）を利用する」が正解。preference「優先」，interest「興味，関心」，reputation「評判」。

(14) 解答 **2**

「その町に住む人々は，新しく建てられた工場からの煙が環境汚染をもたらすのではないかと心配している」

解説 住民が心配していることから，工場の煙がenvironmental pollution「環境汚染」をbring about「引き起こす」と考えるのが自然。go about ～「～に着手する」，come about「生じる」。takeでは意味が通じない。

(15) 解答 **4**

「公園のベンチに座っていた少年たちは，おばあさんも座れるようスペースを作ってあげた」

解説 ベンチでおばあさんが座れるように作るものは，room「空き場所，空間」である。make roomは「場所を作る，席を詰める」。benefit「利益」，place「場所」，view「意見，眺め」。

2A

全訳

監視用錠剤

　人の健康を調べる最も効果的な方法の1つは，胃やそのほかの内臓器官の中で何が起こっているかを検査することだ。どのようなバクテリアや化学物質が内部に存在しているかを調べることで，その人がどれだけ健康的なのかについて結論を下すことができる。残念ながら，胃の内部からサンプルを採取するのには医師による複雑な処置が必要になるかもしれない。たとえその情報が有益であるとしても，普通，医師にそうしてもらうために定期的に通院する価値はない。

　これに対処するため，飲み込み可能な小さな錠剤を開発している企業もある。その錠剤は何の薬も含んでいないが，その代わり錠剤の中には，電波を介してコンピューターやスマートフォンに無線で情報を送信することのできる小型の装置がある。錠剤には，特殊なバクテリアで満たされた小さなエリアもある。これらのバクテリアが体内で特定の症状を感知した場合に装置を稼働させる。それからその情報が，情報を解釈するプログラムに送信される。これは患者の健康状態を

(16) 解答 **1**

「トンプソン氏は社長になる前に5年間人事部長として働いていた。彼は自分の経験を職場の効率化に活用し，ビジネスを拡張することに成功した」

解説 人事部での経験が事業拡張につながったので，make use of ～「～を利用する，使用する」が正解。take care of ～「～の世話をする」，pay attention to ～「～に注意を払う」，take notice of ～「～に気づく」。

(17) 解答 **1**

A「この単語はなんていう意味なの，父さん？」
B「楽をしちゃいけないよ，ジョージ。わからない単語はいつも辞書で調べないと」

解説 look up ～ (in ...)「（辞書などで）～を調べる」。lookには「～を見つけようとする，探す，調べる」という意味がある。look for ～「～を探す」，look over ～「（物・人）を調べる」，look through ～「（本・書類など）に目を通す，～を詳しく調べる」もあわせて覚えておきたい。

正確に知るために医師によって使用可能だ。

　この技術の別の用途は，患者が薬を服用したかどうかを確かめることだ。自分が処方した薬を患者が服用しているかどうか，医師には確信が持てない場合がある。患者は単に忘れるかもしれないし，ただ薬を服用したくないと思うかもしれない。その錠剤は，患者が処方薬を服用したかどうか検知するよう設定可能なのである。患者がその日に錠剤の服用を抜かした場合に，それは医師に警告を出す。このようにして，患者が快方に向かわない場合，患者が指示通りに薬を服用しなかったがためにそのような事態になっているのだということが医師にわかる。

(18) 解答 **2**

解説 第1段落第3文Unfortunatelyの後に，サンプル採取の大変さが書かれている。それに続いて，空所直前にEven ifとあるので，「定期的に通院する価値はない」という帰結とは逆の意味内容が空所に入ると考えられる。従って，**2**「その情報が有益である」が正解。**1**「何も口にしていない」，**3**「人々が決してその方法

を知らない」，**4**「医師が忙しくない」。

(19) 　解答　**4**

解説　第2段落第2文の解釈が正解への鍵となる。体内の情報をコンピューターに無線送信する小型装置が錠剤に含まれていると書かれており，第3文以降には，より具体的な説明がなされている。体内情報が電波で外部に飛ばされるので，**4**「プログラムに送信される」が正解。**1**「その錠剤によって収集される」，**2**「医師によって治療される」，**3**「エネルギーとして使用され

る」。

(20) 　解答　**1**

解説　空所の前後をよく読むと，どちらにも「患者が薬を飲まない」という内容が書かれていることがわかる。さらに，空所直後に「病状が回復しないのは，薬を服用しないことが原因とわかる」とあり，ここでは順接の意味の**1**が正解。**2**「今回に限って」，**3**「伝統的に」，**4**「さもなければ」。

全訳

ロンサム・ジョージ

『ロンサム（ひとりぼっちの）・ジョージ』は世界で最も珍しい生きている動物である，1971年に南アメリカ大陸近くの島で発見されたゾウガメの名前だった。彼は自分が属するカメの種類の最後の生きた個体だった。科学者たちは，彼が子どもを作ることで，その遺伝子を受け渡すことができるように，ジョージに最も近い遺伝子を持つメスを探した。これらの試みは失敗に終わった。2012年6月に彼が死亡したとき，この種は絶滅した。

ロンサム・ジョージは，エクアドル沖およそ800マイルにある群島であるガラパゴス諸島の1つの島に住んでいた。長い間，群島内のそれぞれの島々はお互いに接触がなかった。その結果，それぞれの島の動物は独自の進化を遂げた。ガラパゴス諸島は，チャールズ・ダーウィンが1835年にその島々を訪ね，そこの動物を研究することによって進化論のアイデアを得たことで有名である。ほかの動物同様，それぞれの島のカメは独自の特徴を徐々に進化させた。それぞれの種の甲羅は固有の形をしていると言われている。

残念なことに，ダーウィンの時代以来，島は人間の活動によって大きな損害を受けてきている。漁師は食料にするためにカメを捕獲し，またヤギなどのほかの動物を島に持ち込んだ。これらの動物は，カメが依存している植物を食べた。もともといた15の異なるカメの種類のうち，ジョージの種類を含む3種はすでに絶滅した。しかし，予期せぬ良い知らせが報告された。100年以上絶滅していたと思われていたフェルナンディナゾウガメが2019年2月に見つかったのだ。この発見は多くの科学者に希望を与えている。

(21) 　解答　**3**

解説　空所の前のThese attemptsは前文の内容を指している。「遺伝子を残そうとした」→「絶滅した」という流れなので，**3**「失敗に終わった」が正解だとわかる。**1**「今も継続されている」，**2**「異なる種を生み出した」，**4**「効果があると判明した」。

(22) 　解答　**1**

解説　空所の前は「それぞれの島々はお互いに接触がなかった」，空所の後は「それぞれの島の動物は独自の進化を遂げた」という意味。これらをつなぐ表現としては，**1**「その結果」が適切。**2**「同様に」，**3**「そのときまでには」，**4**「特に」。

(23) 　解答　**4**

解説　第3段落はhuman activity「人間の活動」が島々に与えた影響について述べている。空所の後の文で，漁師が食用にカメを捕獲したり，カメの餌になる植物を食べてしまう動物を島に持ち込んだりしたとあるため，**4**「〜によって大きな損害を受けた」が適切。空所の文がUnfortunately「残念なことに」で始まっていることからも，何かマイナスの要素が入ると予測できる。**1**「〜から十分に守られた」，**2**「〜のため縮小した」，**3**「〜とあまり関連していなかった」。

全訳

差出人：デイビッド・ジョーンズ
＜djones@spotmail.com＞
受取人：ジョーン・スミス
＜joansmith@spotmail.com＞
日付：3月5日
件名：個人的かつ内密な用件
スミス部長

　新しい上海事務所の所長として中国に転勤する機会をいただき，ありがとうございます。この件について昨晩家族と話し合ったところ，彼らの反応は非常に前向きなものでした。実は，妻は大学で中国語を勉強しておりましたので，その国へ引っ越すという考えに，非常に興奮していました。当然ながら，私の2人の息子は友だちと別れることについて悩んでいましたが，彼らもまた国外に住める機会を喜んでいました。

　私にとりましては，その職務自体の方により関心を持っております。私はより多くの責任を引き受ける機会を求めてきておりまして，この仕事はそれにぴったりのようです。また，異なる文化において効果を上げる広告を提供するより良い方法を開発したいと思っております。もし私が行くことになれば，こちらの同僚みんなとの別れが寂しくなりますが，新たな挑戦をするときなのだと感じております。

　最後に，2, 3質問があります。私の給料は上がると理解しておりますが，上海での家賃は会社が支払ってくださるのでしょうか。加えて，子どもたちの学費，さらには休暇で帰省するための航空運賃を会社で持っていただけるのでしょうか。中国への転勤について私は非常に興奮しておりますが，考慮しなければならない多くの実際的な問題があることもご理解いただけるものと，私は確信しております。
よろしくお願いいたします。
デイビッド

---

(24) 　**解答** 　**4**

「デイビッドの家族は何についてわくわくしているのか」
1 家族の1人から新しい言語を学ぶこと。
2 中国での長い休暇の可能性。
3 彼の新しい仕事について家族の話し合いを持つこと。
4 外国で暮らす機会。

解説 　第1段落第1文で何についてのメールかを明らかにしている。それから家族が very positive「非常に前向き」であると伝え，さらに家族のメンバーそれぞれの具体的な反応を記している。第3文に妻，第4文に息子たちの反応がそれぞれ書かれており，**4** が正解。

(25) 　**解答** 　**2**

「なぜデイビッドは新しい職務に興味があるのか」
1 彼は中国語を学ぶ機会を探していた。
2 彼は仕事をする上でより多くの責任を欲しがっている。
3 彼は広告部門から営業部門に異動する必要がある。
4 彼は別の同僚と仕事をしたがっている。

解説 　第2段落第2文から正解が **2** だとわかる。この段落も第1段落同様，第1文でオファーを受けた職務に興味があると述べ，続く文で具体的な理由を述べるという構成になっている。

(26) 　**解答** 　**1**

「デイビッドが心配なことの1つは」
1 誰が彼の子どもたちの学費を支払うかだ。
2 彼は中国のどこに送られ，住むことになるのかだ。
3 いつ上海での新しい仕事が始まるかだ。
4 自分の家族を連れていくことができるどうかだ。

解説 　第3段落第3文から正解が **1** だとわかる。would the company cover the children's school fees ... の cover「(費用など)をまかなう」がわかるかがポイント。また，この段落では差出人のデイビッドが中国赴任に際しての生活費や経費の心配をしているという文脈をつかむことも大事。

全訳

ブラックボール・ライン

　船は，手紙や物品から軍人や移民まであらゆるものと人とを運ぶのに，何千年にもわたり使われてきている。しかし，ヨーロッパでは，昔の人々は単に切符を買って船で心地よく移動するということはできなかった。長い間，船を使って移動する人々は荷物や船で運ばれるそのほかの物品と一緒に貨物船に乗らなければならなかった。さらには，彼らは出発できるまで船が満杯になるのを待たねばならなかった。時にはそれは何日も何週間もかかった。この困難さが，海を渡るという気をひどく抑制していたのだ。

　このことは，1818年にジェレマイア・トンプソンとほかの投資家たちがニューヨークとリバプール間の初の定期客船である，ブラックボール・ラインを始めたときに変わった。トンプソンはすでに大西洋を渡りアメリカからイギリスへ織物を輸送するビジネスを経営していた。彼は，自身の船輸送に関する知識を使って，乗客だけを運ぶサービスを作り出すことを決めたのだ。また，彼は船を予定された日付に出発させることも決めた。それは，船がいっぱいであってもそうでなくても出発するということを意味した。トンプソンは，いつ出発するかが正確にわかれば，人々は喜んで費用をかけて船に乗るだろうと考えたのだ。

　その発想はこれまで試されたことのなかったものであり，多くの人々がうまくいかないだろうと思っていた。しかし，ブラックボール・ラインはすぐに成功を収めた。まもなく，毎月2隻の船がそれぞれの方向に送られるようになった。船はかかる日数の短さでよく知られ，またそれが好まれた。最初の10年間，ニューヨークからリバプールまでは平均23日間かかったが，ブラックボール・ラインは最速で約15日から16日間を要した。どんなに天候が悪くても，船は予定通りに出発した。

　ほかの企業もすぐにブラックボール・ラインの例にならった。そうした企業の1つが，コリンズ・ラインである。彼らは豪華さを重視し，より快適な客室，より良い食事，そしてより多くの娯楽を提供した。彼らはまた，より多くの人々を収容できるので，幅が広く平坦な船底を用いるという流行を生み出した。こうした競争により，海を渡るのに最終的に飛行機がより一般的な方法となるまでの間，各企業がより大きくより快適な船を造った。しかしながら，今日のクルーズ船

も，最初のブラックボール・ラインの客船まで遡ることができるのだ。

(27)　解答　1

「人々が船で移動するための初期の方法の1つは」

1 船で運ばれるたくさんの物品を載せた船に乗ることだった。

2 兵士を運ぶ軍用船に乗ることだった。

3 移民を運ぶために造られた政府の船を使うことだった。

4 海外への郵便物を運ぶ船の切符を買うことだった。

解説　初期の船旅に関しては，第1段落に記述があり，第3文から**1**が正解だとわかる。当時は，貨物船に便乗する形で人々の運搬が行われていたため，貨物物資が満杯になるまで出航を待たされたと書かれている。

(28)　解答　4

「ジェレマイア・トンプソンは」

1 大西洋を渡って織物を輸送した最初のビジネスリーダーだった。

2 当時最も大きな船を造った造船場の経営者だった。

3 時間通りに船を目的地に到着させる船長としてよく知られていた。

4 船輸送経営の経験があったので，客船サービスを始めるのに好都合だった。

解説　ジェレマイア・トンプソンに関する記述は第2段落にある。第3文の his shipping knowledge が正解への鍵。すでに船舶貨物輸送の実績があったトンプソンは，その知識を使って客船事業を始めたので，あらゆる意味で有利だったと考えられ，**4**が正解。

(29)　解答　1

「充実したサービスを提供するためにブラックボール・ラインは何をしたか」

1 アメリカからイギリスまでの移動時間を約15日間という短さにした。

2 大きな波に影響されない，幅広い船体を持った船を航行した。

3 多くの乗客を運べるように，一度に2隻の船を一緒に送り出した。

4 乗客の安全のために，天気の良いときにだけ移動した。

解説　第3段落第2文以降にトンプソンの客船事業の

成功について書かれているが，第5文から正解は**1**。第4文に船旅は fast trips で知られ人気を博したとあり，続く第5文で具体的な移動時間が記されている。なお，**3**と**4**は読み違えないように注意したい。

(30)　解答 **2**

「ブラックボール・ラインの競合企業は客を惹きつけるために何をしたか」

1 より多くの帆を使い，船の速度を上げた。

2 旅の間により多くのアクティビティとより多くの種類の娯楽を提供した。

3 人々がまっすぐ立てるように，より高さのある船を造った。

4 家族で旅をする場合には，1人当たりの料金を安くした。

解説　第4段落第3文から**2**が正解。They focused a great deal on luxury とあり，その後に快適な客室，より良い食事，より多くの娯楽を提供したと具体的に書かれている。なお，ほかの選択肢に関する記述はない。

(31)　解答 **2**

「以下の記述のうち正しいものはどれか」

1 客船は常に旅にかかる費用を少なくする方法を探し求めていた。

2 船はかつて，予定された日付ではなく運んでいる物品の量に基づいて出発していた。

3 船の方がより安全だと考えられていたので，長い間飛行機は一般的にならなかった。

4 客船は速く進むために蒸気動力を利用した最初の船であった。

解説　各段落の要旨を正しく把握して，選択肢を吟味する必要がある。第2段落第4文に，トンプソンが客船事業で決めたことの1つとして，定期出航が挙げられている。これは，第1段落第4文にある，かつての貨物船利用の際は，出航日が貨物物資によって左右されていたという負の要因を発想転換したものであり，これらのことから**2**が正解だと判断できる。

4

問題の訳

　人々が電気料金を低くする方法を探し求めるとき，特殊な省エネ白熱電球を使う人もいれば，電気料金がより安くなる夜間にのみ洗濯機を使う人もいる。ほかにも選択肢はある。家にソーラーパネルを設置することを決意する人もいる。

　ソーラーパネルは人々が自ら電気を作り出すのに役立つ。そのため，人々は電気料金を顕著に下げることができるかもしれない。さらに，ソーラーパネルを利用すると，石油やガスのような再生不可能なエネルギー源の使用量を抑える助けになるので，地球にとってははるかに好ましい。

　しかしながら，ソーラーパネルは購入したり設置したりするのに極めて高額になり得るため，それらを購入することができるのは一部の人だけである。加えて，ソーラーパネルは発電するには太陽光頼みである。結果として，長期にわたる曇り空や雨天のような太陽があまり照らない場合，十分な量を作り出せないかもしれない。

解答例

Some people choose to install solar panels to lower their electricity bills. Solar panels allow homeowners to make their own power, greatly lowering energy costs. Moreover, solar panels are environmentally friendly, reducing reliance on energy sources such as oil and gas. Nevertheless, the high installation cost and dependence on the weather can be issues. (54 語)

解答例の訳

電気代を削減するためにソーラーパネルを設置することを選ぶ人がいる。住宅所有者はソーラーパネルによって自家発電できるので，電気代をかなり下げることができる。さらに，ソーラーパネルは石油やガスなどのエネルギー源への依存を減らし，環境に優しい。とは言うものの，設置費用が高いことと天候に左右されることが問題になり得る。

解説 まず，段落構成が3つになっていることを確認しよう。第1段落で「電気代削減のための取り組み」をいくつか紹介して，その1つの選択肢としてソーラーパネルを挙げている。続く第2段落では，「ソーラーパネルの長所」について述べており，第3段落では「ソーラーパネルの短所」について書かれている。こうした点からこの文章のテーマが「ソーラーパネル」であることが推測できる。

第1段落では，まずsome people ... / while others ... という表現を用いて，電気代を削減するために人々が取り組んでいる方法を2つ挙げている。それに続く形でother optionsの1つとして段落の最後に「ソーラーパネル」を取り上げている。

第2段落では，第1，2文でソーラーパネルの使用は自ら電気を作り出すことになるので，必然的に電気代削減につながるということを述べ，続く第3文ではソーラーパネルによる発電は，再生不可能なエネルギー源の使用を減らし，地球環境に優しい点を指摘している。つまり，「ソーラーパネルの長所」が2つ述べられている。

第3段落はHowever「しかしながら」という逆接・対比を表す語で始まることから，第2段落とは一転して「ソーラーパネルの短所」が書かれていると予測できる。さらに，第2文の冒頭にAdditionally「加えて」というつなぎ言葉があり，この語を挟んだ前後に2つの内容が書かれていることが読み取れる。

要約問題は，「内容・構成・語彙・文法」という4つの観点に基づいて評価される。「内容」の観点では，各段落の要旨を必ず含めるようにしたい。「電気代削減の方策としてのソーラーパネル（トピックの導入）」「ソーラーパネルの長所」「ソーラーパネルの短所」には必ず触れるようにしよう。「構成」の観点では，論理関係を明確にするために適切なつなぎ言葉を使うのがポイント。解答例では，MoreoverやNeverthelessなどがこれに当たり，問題文の論理展開に即して文が構成されている。使用できる語数に制約があるため，問題文の内容を的確かつコンパクトにまとめる表現の言い換えも求められる。解答例では，第2段落前半の内容を，greatly lowering energy costs「（結果的に）電気代をかなり下げることができる」と分詞構文を使って表したり，第2段落後半の内容を，environmentally friendly「環境に優しい」を用い，かつ，ここでも分詞構文を使って，solar panels are environmentally friendly, reducing reliance on energy sources「（ソーラーパネルは）エネルギー源への依存を減らし，環境に優しい」とまとめたりしている。このほかに使える表現として，installの代わりに単純にmake use of 〜やput 〜 on the roofと書くこともできるし，動詞lowerが思い浮かばなくてもmake their electricity bills lowerのように形容詞として表すことも可能だ。

5

問題の訳

TOPIC：一部の日本の大学のプログラムでは，学生は1年間留学をしなければなりません。このようなプログラムの数は将来増えると思いますか。

POINTS：費用・仕事・コミュニケーション

解答例①

There are two reasons why I think the number of programs which require students to study abroad will increase in the future. The first reason is that it is good for students to learn from different viewpoints. These programs offer students an opportunity to learn from professors with various backgrounds. The second reason is that students who study abroad will be able to get many chances to work with foreign people. The world is becoming more globalized, so their

解答例①の訳

学生に留学を求めるプログラムは将来増えると考える理由は2つあります。1つ目の理由は，さまざまな視点から学ぶことは学生にとって良いからです。これらのプログラムはさまざまな経歴を持つ教授から学ぶ機会を学生に提供します。2つ目の理由は，留学する学生は外国の人と仕事をする機会をたくさん得ることができるようになることです。世の中はますます国際化しているので，彼らの経験は多くの企業から歓迎されるでしょう。これらの理由から，より多くの大学が学生に留学を求めると思います。

experience will be welcomed by many companies. For these reasons, I think more universities will require students to go abroad. (99語)

解説 解答例①はYesの立場で、The first reason is that ...「1つ目の理由は…だ」、The second reason is that ...「2つ目の理由は…だ」という表現を用いて、留学の利点を2つ述べている。1つ目としてさまざまな視点から学ぶ大切さを挙げ、2つ目にPOINTSのWorkの観点から、将来留学経験が企業に優遇される可能性に触れている。

解答例②

Studying abroad has some advantages, but I do not think the number of programs which require students to go abroad will increase in the future. One reason is that many students who study abroad may not be able to focus on their majors. They will have to spend much of their time adjusting to their new environments and taking classes unrelated to their majors. Also, studying abroad costs a lot, and not all of their families can afford to send their children overseas to study. Therefore, I think universities will not increase the number of the programs for going overseas. (100語)

解答例②の訳

留学にはいくつか利点がありますが、学生に留学を求めるプログラムの数は将来増えないと思います。理由の1つは、留学する学生の多くは自分の専攻科目に専念できないかもしれないからです。彼らは新しい環境に順応したり専攻と関係のない授業を受けたりすることに多くの時間を費やさなくてはならないでしょう。また、留学には多大な費用がかかり、全ての家庭が勉強するために子どもを外国へ送る余裕があるとは限りません。それゆえに、大学は留学のためのプログラムの数を増やさないと思います。

解説 解答例②ではOne reason is that ...「理由の1つは…だ」、Also, ...「また…」という表現を用いて、留学プログラムが増えないと考える理由を書いている。1つ目は、自分の専門に専念しにくい点を指摘し、2つ目にPOINTSのCostを用いて、多額の費用負担はマイナス要因だとしている。

Listening Test

No. 1　解答　2

★：Mom, do you know where I put my glasses? I can't find them.

☆：Are they not on your bedside table like usual?

★：I looked there and then in the bathroom and in the kitchen.

☆：Oh, now I remember. They were in the car. So, I put them on my bedside table.

Question: Where will the boy probably go next?

★：お母さん，僕が眼鏡をどこに置いたか，知ってる？　見つからないんだ。

☆：いつもみたいに，あなたのベッド横のテーブルの上にないの？

★：そこも見たし，それから洗面所も台所も見たよ。

☆：ああ，思い出したわ。車の中にあったのよ。だから私のベッド横のテーブルの上に置いたの。

質問：男の子は次におそらくどこへ行きますか。

1 自分の寝室へ。　　　　　　　　　　**2** 母親の寝室へ。

3 洗面所へ。　　　　　　　　　　　　**4** ガレージへ。

解説　いろいろな場所を表す語が聞こえてくるが，最後の母親のI put them on my bedside table という発言が解答のポイント。母親は眼鏡を見つけて，それを自分の寝室のテーブルに置いたと言っており，**2**が正解。車の中で見つけたという発言から，慌てて**4**を選ばないように注意しよう。

No. 2　解答　1

★：Ms. Goldstein, could you change the deadline of the interview assignment?

☆：Is there any reason that you can't finish it on time?

★：I was planning to interview Ms. Watson this morning, but her flight was delayed. She called to tell me that she would be back tomorrow.

☆：I see. Well, in that case, it's fine if it's late.

Question: What is the man's problem?

★：ゴールドスタイン先生，インタビューの課題の締め切り日を変更していただけますか。

☆：期限通りに終えられない理由が何かあるのですか。

★：今朝ワトソンさんにインタビューする予定だったのですが，彼女のフライトが遅れたのです。ワトソンさんは明日戻るという電話をくれました。

☆：わかりました。まあ，そういうことであれば遅れても構いません。

質問：男性の問題は何ですか。

1 インタビューを受ける人が町にいない。　**2** 電話を持っていない。

3 先生が忙しすぎて助けてもらえない。　　**4** 質問を準備していない。

解説　男性の2回目の発言の内容が聞き取れるかがポイント。インタビュー課題の提出期限の延期を申し出ている男性の問題が，「フライトの遅延のためインタビューする相手に明日にならないと会えない」ことだとわかれば，「インタビューする相手が町にいない」の**1**が正解だと判断できる。

Day
6

No. 3　解答　3

★：Is this the line for Jack's Pizza restaurant?

☆：Yes. I've been told that I'll have to wait for around thirty minutes. I should have reserved a table.

★：That's a bit long, but I think I'll get in line.

☆：Just make sure to sign up at the door. You have to sign up and then wait in line.

Question: What does the woman advise the man to do?

★：これはジャックス・ピザレストランへの列ですか。

☆：はい。約30分待たなければならないと言われました。テーブルを予約しておけばよかったわ。

★：それはちょっと長いですね，でも列に並ぶことにします。

☆：忘れずにドアのところで名前を書いた方がいいですよ。名前を書いてから，列で待つことになっています。

質問：女性は男性に何をするように助言していますか。

1 すぐに列に並ぶ。

2 別のレストランへ行く。

3 リストに名前を書く。

4 予約を取るために電話をする。

解説　I should have reserved a table. や I'll get in line などのダミー情報に惑わされないことが大切。advise という観点で言えば，女性の最後の発言に集約されている。Just make sure to sign up や You have to sign up という表現から，「名前を書く，署名する」必要があると認識できるかも大きなポイント。

No. 4　解答　1

☆：Hello, please take me to the Pegasus Arena.

★：Yes, ma'am. Are you going to the big symphony concert tonight, then?

☆：Yes. My seat is near the west gate, so could you please drop me off in front of that gate?

★：Sure. There's a traffic jam on the highway so I'll take another route. We should be there in about thirty minutes.

Question: What does the woman ask the driver to do?

☆：こんにちは，ペガサス・アリーナまで連れていってください。

★：かしこまりました，お客様。それでは，今夜開かれる大規模な交響楽団のコンサートに行かれるのですか。

☆：はい。私の座席は西ゲートの近くなので，そのゲートの前で降ろしてもらえますか。

★：いいですよ。幹線道路で渋滞があるので別の道を行きます。だいたい30分後にはそこに到着するでしょう。

質問：女性は運転手に何をするようお願いしていますか。

1 特定の入り口へ行く。

2 幹線道路を使用する。

3 自宅まで迎えに来る。

4 乗車中に音楽を流す。

解説　女性の2回目の発言にある could you please drop me off in front of that gate? の聞き取りが正解への鍵。コンサート会場の自分の座席を考えて，最も近い入場口付近で降ろすようにタクシーの運転手に依頼しているので，**1**が正解である。

No. 5　解答　3

★：Hey Tina, could I ask you where you usually get your hair cut?

☆：Certainly! It's called Oceanside Salon. Why do you ask?

★：The salon my girlfriend used to go to just closed, so she's looking for someplace new to go. She said she thought your hair always looked nice and wondered where you went.

☆：I'm happy to hear that. Well, I hope she tries it out.

Question: What are the man and woman talking about?

★：ねえティナ，君がふだんどこで髪を切ってもらっているか聞いてもいいかな？

☆：もちろん！　オーシャンサイド・サロンっていうところなの。どうして聞いたの？

★：僕の彼女が通っていた美容院がちょうど閉店して，彼女は新しく通うところを探しているところなんだ。彼女が言うには，君の髪がいつもいい感じだと思っていて，君がどこに通っているのかと思っていたんだって。

☆：それを聞いてうれしいわ。じゃあ，彼女が利用してみてくれるといいな。

質問： 男性と女性は何について話していますか。

1 男性が今誰と付き合っているか。　　**2** 男性がどこで髪を切ってもらっているか。

3 女性がどの美容院に通っているか。　　**4** 女性がどれくらいの頻度で美容院に行っているか。

解説 男性の最初の発言 could I ask you where you usually get your hair cut? から，女性が通う美容院を尋ねていることがわかる。従って，正解は**3**。その理由として，男性のガールフレンドが行きたがっているからだと，その後に述べられている。

No. 6　解答　4

★：I had my annual medical check-up today. The doctor said that I have to lose weight and get more exercise.

☆：I should, too. Why don't we both join a gym?

★：That's a good idea. How about going to the one near the station? They have the latest exercise machines.

☆：Sounds great!

Question: What are they going to do?

★：今日，毎年行う健康診断を受けてきたよ。医者が言うには，体重を減らして，もっと運動しなければいけないって。

☆：私もそうなのよ。2人でジムに入会しない？

★：それはいい考えだね。駅の近くのジムに通うのはどうかな。最新の運動器具があるんだよ。

☆：いいわね！

質問： 彼らは何をしようとしていますか。

1 医者に行く。　　**2** 体重を測る。

3 運動器具を買う。　　**4** 運動を始める。

解説 lose weight, get more exercise などの表現から，2人の話題は体重を落とすことだと推測できる。それを踏まえて，女性の Why don't we both join a gym? という提案に対して，男性が That's a good idea. と言っていることから，今後2人で体重を落とすためにジムに通うとわかる。つまり，**4**が正解。

Day
6

No. 7 解答 4

☆：Hello?

★：Hello, this is David. Could I speak to Mike, please?

☆：Hello, David. I'm sorry. He's gone to London for the weekend. His uncle lives there. Can I give him a message?

★：No, don't bother. I was just wondering if he wanted to play tennis on Sunday morning. I'll see him at school on Monday.

Question: What is Mike doing?

☆：もしもし。

★：もしもし，デイビッドです。マイクをお願いできますか。

☆：こんにちは，デイビッド。ごめんなさい。マイクは週末はロンドンに行ってしまっているのよ。彼のおじさんがそこに住んでいるの。何かメッセージを伝えましょうか。

★：いえ，お構いなく。日曜日の午前中にテニスをやらないかなと思っていただけですから。彼とは月曜日に学校で会います。

質問：マイクは何をしていますか。

1 デイビッドの家へ歩いて行っている。 **2** 学校の図書館で勉強している。
3 何人かの友人たちとテニスをしている。 **4** ロンドンにいるおじを訪問している。

解説 電話に出たMikeの母親と思われる女性がI'm sorry.と言ったところで，続けてマイクが電話に出られない理由を言うだろうと予想できる。He's gone to London for the weekend. His uncle lives there. ということなので，正解は**4**である。

No. 8 解答 1

☆：Hi Jim. Tonight, I'm going out to see a movie with some people from the marketing department. Would you be interested?

★：Sounds good. What are you going to see?

☆：*Big Ocean*, the surfing movie that just came out.

★：Oh, I already saw that one. I'll pass on watching it again. Thanks for the invitation, though!

Question: What is one thing we learn about the man?

☆：ねえ，ジム。今夜，マーケティング部の人たちと一緒に映画を見に行く予定なの。あなたは興味あるかしら？

★：いいね。何を見る予定なの？

☆：『ビッグ・オーシャン』っていう，公開されたばかりのサーフィン映画なの。

★：ああ，それならもう見たよ。もう一度見るのはやめておく。でも，誘ってくれてありがとう！

質問：男性についてわかることの1つは何ですか。

1 最近，映画を見に行った。 **2** マーケティング部で働いている。
3 サーフィンが好きではない。 **4** 海のそばに住んでいる。

解説 女性が見に行く映画のタイトルを言った後の，男性のOh, I already saw that one.の1文が聞き取れれば，男性がその映画をすでに見たことがわかる。従って**1**が正解。surfingのことについては男性は何も言っていないし，男性自身がthe marketing departmentで働いているとは述べられていない。

No. 9　解答　3

★：Did you see the gas bill for this month? It's almost double from last year.

☆：I'm not surprised. It's been much colder this year compared to last year.

★：I don't think we can afford to keep the heat at this level every month.

☆：I'll start wearing warm clothes in the house and set the heating lower.

Question: What does the woman decide to do?

★：今月分のガス料金の請求書を見た？　去年のほぼ2倍だよ。

☆：そうでしょうね。去年に比べて今年はずっと寒い日が続いているわ。

★：毎月，暖房の温度をこの高さに保っておく余裕は僕らにはないと思うな。

☆：室内で暖かい服を着始めて，暖房の温度を低めに設定しようと思うわ。

質問：女性は何をすることを決めていますか。

1 温かい食事をもっと作る。　　　　**2** ガス会社を変える。

3 違う服を着る。　　　　　　　　　**4** 暖房費の件で電話する。

解説　まずは会話で取り上げられている問題点を正しく理解することがポイント。the gas billやdouble，don't think we can affordの表現から，ガス料金が高いことを話題としていると推測できる。女性の最後の発言から，ガス料金節約のために室内で暖かい衣服を着る判断をしたことがわかる。それを「違う服を着る」と言い換えた**3**が正解。

No. 10　解答　1

☆：Hello, can I rent some audio guides for the museum here?

★：We actually stopped offering rental audio guides a few years ago. Instead, we now let you download a guidance program on your phone.

☆：Oh, I could still rent them last time I was here. Does the program cost anything?

★：It doesn't, but if you don't have a smartphone, we do offer small tablets with the program already installed.

Question: What is one thing we learn about the woman?

☆：こんにちは，美術館の音声ガイドはここでレンタルできますか。

★：実は，数年前にレンタル音声ガイドを提供するのを終了いたしました。その代わりに，現在ではお手持ちのお電話にガイダンスプログラムをダウンロードしていただけます。

☆：あら，前回来館したときはまだレンタルできたのに。プログラムにはお金がかかりますか。

★：いいえ，ですがスマートフォンをお持ちでない場合，すでにプログラムがインストールされた小型タブレットをご提供しています。

質問：女性についてわかることの1つは何ですか。

1 以前，美術館を訪れたことがある。　　**2** スマートフォンを所有していない。

3 音声ガイドを返却したい。　　　　　　**4** お金を一銭も持ち合わせていない。

解説　美術館の音声ガイドサービスが終了し，スマートフォンにプログラムをダウンロードできるサービスが導入されたことについての客と係員の会話である。音声ガイドについて，女性は2回目の発言でI could still rent them last time I was hereと言っており，以前にこの美術館に来たことがあるとわかるので，正解は**1**。女性はスマートフォンや現金を所持していないとは言っていない点に注意。

Day **6**

No. 11 　解答　1

★：It's so hard to find parking around the office lately.

☆：I think it's because that hair salon has opened in our building. There are lots of customers and they are filling up the spaces.

★：I just didn't expect so many people in the morning.

☆：I guess the salon is so popular that it has many clients all day long.

Question: Why can't the man find parking easily these days?

★：最近，オフィスの周辺で駐車スペースを見つけるのがとても大変だよ。

☆：あの美容院が同じ建物にオープンしたからだと思うわ。お客さんがたくさん入っているし，その人たちが駐車スペースを埋めているわよ。

★：午前中にあんなにたくさんの人は予想だにしていなかったな。

☆：あの美容院はとても人気で，1日中たくさんのお客さんがいるのだと思うわ。

質問：男性は最近，なぜ駐車スペースを簡単に見つけられないのですか。

1 新しい店がオープンした。　　　　　**2** 通りが工事中である。

3 町に休暇中の旅行者がいる。　　　　**4** 渋滞が発生し続けている。

解説　男性の最初の発言に，質問と同じ内容の hard to find parking があり，それに答えて女性が I think it's because と述べているので，その直後の内容が正解への鍵となる。人気の美容院が同じ建物内にできたために，その客が常に駐車スペースを利用していることがその原因だと言っており，**1** が正解である。

No. 12 　解答　4

★：Hello?

☆：Hello honey? Have you left for work yet?

★：No, I was just about to. What's up?

☆：I was going to leave some money on the table, but I forgot. It's for Alice to pick up and hand to her piano teacher.

★：Don't worry about it, I can do that for you right now.

Question: Why is the woman calling the man?

★：もしもし？

☆：もしもし，あなた？　もう仕事に出かけた？

★：いいや，ちょうど出かけるところだよ。どうしたの？

☆：テーブルの上にお金を置いておくつもりだったのに，忘れてしまったの。アリスが受け取って，ピアノの先生に渡すことになっているものよ。

★：それについては心配しないで，今すぐ君の代わりにやるから。

質問：女性はなぜ男性に電話しているのですか。

1 迎えに来てくれるよう頼むため。

2 アリスをピアノのレッスンに連れていくように頼むため。

3 テーブルをきれいにするよう言うため。

4 自分がし忘れたことを伝えるため。

解説　男性の2回目の発言にある What's up? の質問に，女性が I was going to leave some money on the table, but I forgot. と答え，さらに男性が I can do that for you right now と返していることから，女性がやり忘れたことを，男性に代わりにしてもらうよう電話したことがわかる。従って，**4** が正解。

No. 13　解答　3

★：Can I help you find something, ma'am?

☆：Yes, please. I'm looking for a gift for my son, but there are so many items that I can't choose.

★：Would your son be interested in a new skateboard? The latest model is near the counter.

☆：Actually, he has one already. He might like something that he can use to maintain his board, though.

Question: What kind of gift will the woman probably get?

★：何かお探しでしょうか，お客様。

☆：はい，お願いします。息子に贈るプレゼントを探しているのですが，商品がとてもたくさんあって選ぶことができないのです。

★：ご子息様は新しいスケートボードにはご興味がおありでしょうか。最新モデルがカウンター脇にございます。

☆：実は，すでに1台持っているんです。でも，ボードのメンテナンスに使用できる物なら彼も気に入るかもしれません。

質問：女性はおそらくどんなプレゼントを買いますか。

1　スノーボードウェア。

2　最新のコンピューターモデル。

3　メンテナンス用品。

4　新しいスケートボード。

解説　女性の最後の発言にある He might like something that he can use to maintain his board が聞き取れれば，正解の **3** を選ぶことができるだろう。something ... to maintain が tools for maintenance と言い換えられている。a new skateboard や The latest model など，本文中に出てくる表現に惑わされないようにしたい。

No. 14　解答　1

★：Look! There's a beautiful river over there. The view from here is amazing!

☆：Yeah, we're about halfway up the mountain at this point. We can either turn back now or continue up to the top.

★：I'm not quite tired yet, but I don't think I can go all the way to the top and back before lunch.

☆：That's fine. We should go back and have a break.

Question: What will the man and woman probably do next?

★：見て！　向こうにきれいな川があるよ。ここからの眺めは素晴らしいね！

☆：うん，私たちは現時点で山の中腹にいるわね。これから引き返すこともできるし，頂上まで登っていくこともできるわ。

★：僕はまだあまり疲れていないけれど，頂上まではるばる登りつめてから昼食前に戻ることはできないと思う。

☆：構わないわ。戻って休憩しましょう。

質問：男性と女性はおそらく次に何をしますか。

1　下山する。

2　川で泳ぐ。

3　昼食をとる。

4　山を登る。

解説　この男女が今どこにいるのかを正しく押さえることが大切。女性の最初の発言から，彼らは登山途中にあることがわかる。さらに，女性が最後の発言で We should go back and have a break. と述べていることから，彼らはこの後下山をすることが予想される。従って，**1** が正解。

No. 15 解答 **1**

★：I can't believe that I just forgot my laptop in the meeting room.

☆：Can't you just go in and get it?

★：No, there's a meeting going on with some important clients right now so I can't just go in.

☆：Oh, no. Well, they usually take clients out to lunch in half an hour, so you might be able to go in then.

Question: Why can't the man get his laptop?

★：会議室に自分のノートパソコンを忘れてきちゃったなんて信じられないな。

☆：ちょっと中に入って取ってくることはできないの？

★：うん，ちょうど今重要な顧客との打ち合わせが行われているから，ちょっと中に入れないんだ。

☆：あら，やだ。まあ，彼らはたいてい30分後には顧客をランチに連れ出すから，そのときに中に入ることができるかもしれないわよ。

質問：男性はなぜ自分のノートパソコンを手に入れられないのですか。

1 打ち合わせを遮ることができない。　　**2** どこに置いたか忘れた。
3 家に置いてきた。　　**4** 昼食で顧客と会わなければならない。

解説　男性の2回目の発言が聞き取りのポイント。there's a meeting going onなのでso I can't just go inだと述べている。つまり，別の会議中で部屋に入れないことがノートパソコンを取ってこられない理由で，**1**が正解である。**4**のclient, lunchは最後の女性の発言に出てくるが，男性が打ち合わせをするわけではない。

第 *2* 部　🔊 113〜128

No. 16 解答 **2**

Andrew used to take his children to school by car. However, the family recently moved to a house that is near the school. Andrew wanted to drive his children to school like before, but they said they'd rather walk by themselves. He missed spending time with his children, so now he makes it a rule that they all have breakfast together. Now they still get to spend time together.

Question: What did Andrew decide to do with his children?

アンドリューは子どもたちを学校に車で送るのが習慣だった。しかし，アンドリューの家族は最近，学校のそばにある家に引っ越した。アンドリューは以前のように子どもたちを学校に車で送りたかったが，子どもたちはむしろ自分で歩きたいと言った。彼は子どもたちと時間を過ごせないのを寂しく思ったので，今は全員一緒に朝食をとることにしている。これで彼らは今なお，一緒に時間を過ごすことができている。

質問：アンドリューは子どもたちと何をすることに決めましたか。

1 車で学校に行く。　　**2** 定期的に食事をする。
3 彼らの学校まで歩いていく。　　**4** もっと電話で話をする。

解説　いろいろな情報に惑わされないことが大切。最後の2文の聞き取りが正解への鍵となる。子どもたちと一緒に過ごす時間を確保するために，朝食をみんなで食べることにして，時間を共有しているとあり，正解は**2**。makes it a rule that they all have breakfast togetherがeat a regular mealと言い換えられている点に要注意。

No. 17　解答　1

Welcome everyone. This is the line to ride MoonShot, the most exciting roller coaster ever created! Please make sure that you are tall enough to ride before waiting in line. As you approach the car, our staff will instruct you how to fasten yourself to the seat. They will also provide you with bags to place your glasses, hats, and other loose items when you board. I hope you all enjoy your ride!

Question: What do the listeners need to do before getting in line?

ようこそ皆様。これまで作られた中で最もエキサイティングなジェットコースター，ムーンショットにご乗車になるための列はこちらです！　並んでお待ちになる前に，ご乗車になるのに十分な身長であるかどうかご確認ください。車両にお近づきになる際に，当スタッフがお体を座席に固定する方法をご説明いたします。また，乗車の際に，眼鏡や帽子，そのほか落ちてしまいそうなお持ち物を入れておく袋もご提供いたします。皆様がご乗車をお楽しみになることを願っています！

質問：聞き手は列に並ぶ前に何をする必要がありますか。

1　自分の身長を調べる。 　　　　　　　2　シートベルトを締める。
3　帽子を脱ぐ。 　　　　　　　　　　　4　3D眼鏡をかける。

解説 質問の before getting in line がきちんと聞き取れるかがポイント。乗車前ではなく整列前にすべきことなので，Please make sure that you are tall enough to ride before waiting in line. から正解は**1**である。check their height と表現が変わっている点にも注意。**2**と**3**は整列後のことで，**4**には言及されていない。

No. 18　解答　4

Liam liked to take short walks around his city. One day, he noticed a lot of trash along the streets. He started bringing a bag with him to put the trash in. Other people noticed him and started to do the same. Eventually, he created a group with them to clean up the streets every Sunday. They meet at a park each week and walk together picking up trash.

Question: How has Liam been cleaning up the city?

リアムは市内で短い距離の散歩をするのが好きだった。ある日，彼は通り沿いにあるたくさんのゴミに気がついた。彼はゴミを入れるための袋を持ち歩き始めた。ほかの人たちが彼に気がつき，同じことをし始めた。最終的に，彼は毎週日曜日に通りの掃除をするために彼らとグループを結成した。彼らは毎週公園に集合し，ゴミを拾いながら一緒に歩くのだ。

質問：リアムはどのように街をきれいにしてきていますか。

1　特別なゴミ袋を作った。 　　　　　　2　毎週日曜日にスピーチをした。
3　友人に助けをお願いした。 　　　　　4　ほかの人々と協力した。

解説 特定の表現からは正解を選べず，全体の流れを正しく押さえて答える問題。リアム自身が袋持参でゴミ拾いを始めたところ，彼と同じことをする人たちが現れ，掃除のグループを結成したと述べられている。それを「ほかの人々と協力した」と表現した**4**が正解。

No. 19　解答　2

Igbo-Ora, a town in Nigeria, is known as a town of twins. The birth rate of twins at this town is amazingly high. Almost five percent of babies born in the town are twins. No one knows why, though some people think it might be because of the plant called cassava that is eaten throughout the country. Twins are considered lucky in the region so many women are happy to have twins.

Question: What is different about births in Igbo-Ora?

ナイジェリアにある町イグボ・オラは，双子の町として知られている。この町の双子の出生率は驚くほど高い。町で生まれた赤ん坊のほぼ5%が双子なのである。なぜだかは誰にもわからない，もっとも，国中で食べられてい

るキャッサバという植物のおかげかもしれないと考えている人々もいる。この地域では双子は幸運であるとみなされているので，多くの女性が双子を授かることをうれしく思っている。

質問：イグボ・オラの出生について何が独特ですか。

1 キャッサバが双子の新生児に与えられる。　　**2** 双子の出生が非常に一般的だ。

3 出生率が非常に高い。　　**4** 男の子を授かることが幸運とみなされている。

解説 選択肢が紛らわしいので注意しよう。冒頭の2文からイグボ・オラは双子の出生率が高いことで有名だとわかり，**2**が正解となる。**3**は出生率そのものが高いわけではなく，**4**は幸運と考えられているのは双子なので誤り。

No. 20 解答 **3**

When Emma went to Mexico on a five-day business trip, she was looking forward to having some free time to go to the beach. She spent three days having long meetings with her clients. She was planning on going to the beach and doing some sightseeing on the fourth day. Unfortunately, she got a fever on the third night and had to spend the rest of the trip in bed.

Question: Why didn't Emma go to the beach?

エマは5日間の出張でメキシコへ出かけたとき，海辺へ行く自由時間を過ごすのを楽しみにしていた。彼女は顧客と長い会議をして3日間過ごした。彼女は4日目に海辺へ行ったり，観光したりする計画を立てていた。不運なことに，3日目の晩に熱を出してしまい，その旅の残りをベッドの中で過ごさなければならなかった。

質問：なぜエマは海辺に行かなかったのですか。

1 代わりに観光旅行に行った。　　**2** 会議が大変長引いた。

3 病気にかかった。　　**4** とても疲れていた。

解説 最後の1文にあるUnfortunatelyの聞き取りがポイント。直前に述べられた計画が叶わなかったことが予測される。その理由として，後に続くshe got a feverやspend the rest of the trip in bedなどの表現から，病気で寝ていたことがわかる。従って，**3**が正解である。

No. 21 解答 **3**

Snow is made up of small particles called snowflakes. Their shapes can be very different depending on both the temperature and the humidity. The temperature determines whether the water forms a plate or stick shape, and the more humid it is the more complex those shapes are. The most complex, beautiful snowflakes are made when it is not too warm nor too cold and when it is very humid.

Question: What is one thing that determines the shape of snowflakes?

雪は雪の結晶と呼ばれる小さなかけらでできている。その形は，気温と湿度の両方によって非常に異なったものになり得る。気温は，水が板状になるか柱状になるかを決め，湿度が高ければ高いほど，その形はより複雑になる。最も複雑で美しい雪の結晶は，暖かすぎず寒すぎず非常に湿度の高い環境下でできる。

質問：雪の結晶の形を決める要因となるものの1つは何ですか。

1 海水温。　　**2** 落下速度。

3 湿度のレベル。　　**4** 水質。

解説 2文目で，雪の結晶の形はvery different depending on both the temperature and the humidityとあり，**3**が正解。海水温や落下速度，水質などは一切言及されていない。

No. 22　解答　3

Arthur moved into a new home that had a huge garden. He had never grown plants before, but he wanted to try planting something. He didn't want to use the whole space, so he decided to use only a small part this year. If things go well, he will use more of the space next spring. Someday, after he becomes confident in growing things, he hopes to grow some roses.

Question: What is Arthur doing with his new garden?

アーサーは，とても大きな庭のある新しい住居に引っ越した。彼はこれまでに植物を育てたことが一度もなかったが，何かを植えてみたいと思った。彼は庭のスペースを全部は使いたくなかったので，今年はそのごく一部のみを使うことにした。順調にいけば，彼は今度の春にはもっとスペースを使うつもりだ。栽培することに自信がついたらいつの日か，彼はバラを育ててみたいと思っている。

質問：アーサーは新しい庭をどうしていますか。

1 野菜を栽培している。	**2** 放置している。
3 一部のみ使っている。	**4** バラを植えている。

解説　アーサーは植物栽培の経験がないため，he decided to use only a small part this yearと述べられており，**3**が正解。野菜については言及されておらず，バラは将来的に育ててみたいものだと述べている。また，庭を放置しているわけでもない。

No. 23　解答　1

Attention, please. Thank you for coming to the stadium this afternoon. It has been 30 minutes since the game was delayed. Due to the heavy rain, the game will be moved to a later date. You will not receive money back for today's game. Instead, we will give you free tickets for a makeup game tomorrow. We are really sorry for the inconvenience.

Question: When will the game be moved to?

皆様にお知らせです。本日午後に球場へお越しくださり，どうもありがとうございます。試合が遅れてから30分が経過しております。大雨により，試合は後日に変更となります。本日の試合に対して払い戻しはいたしません。その代わり，明日の再試合の無料チケットを差し上げます。ご不便をおかけして誠に申し訳ございません。

質問：試合はいつに変更されますか。

1 翌日。	**2** 当日夜遅く。
3 あさって。	**4** 中止される。

解説　最後から2文目のInsteadから始まる英文が聞き取れれば，正解の**1**は選べるだろう。それより前のDue toから始まる文で，the heavy rainのため，試合はa later dateに持ち越しとなったことを受け，a makeup game tomorrowの無料チケットがもらえると述べられている。つまり，再試合は「明日（翌日）」である。

No. 24　解答　4

Allison walks her dog every evening, but it is hard to do so in the winter when the sun sets early. She has tried walking her dog in the morning. However, she doesn't like getting up so early. Recently, her neighbor David, who also has a dog, offered to walk both of their dogs during the day. Allison thanked him a lot and decided to help him by purchasing food for his dog.

Question: How does Allison help her neighbor?

アリソンは毎夕犬の散歩をしているが，日が早く沈んでしまう冬にはそうすることが難しい。彼女は朝に犬の散歩をしてみた。しかし，彼女はそんなに早起きしたくないと思っている。最近，やはり犬を1匹飼っている隣人のデイビッドが，日中に彼らの犬両方を散歩させることを申し出た。アリソンは彼に大変感謝し，彼の犬のためのエサを購入することで彼の助けになることにした。

質問：アリソンはどのようにして隣人の助けになりますか。

1 午前中に彼のペットをきれいにすることによって。

2 彼の休暇中に彼の犬の面倒を見ることによって。

3 日中に彼の犬を散歩させることによって。

4 彼のためにドッグフードを購入することによって。

解説 最後の1文の聞き取りができれば，**4**が正解だと判断できるだろう。decided to help him by purchasing food for his dogと述べていることから，ドッグフードを買うことで助けになろうとしていることがわかる。アリソン自身が犬に対して何かをするわけではないことに注意しよう。

No. 25 解答 2

The white-spotted pufferfish is a fish that uses unique nests to attract partners. The male white-spotted pufferfish creates a large circular-shaped nest in the sand on the ocean floor to attract a female. It can take days to create and be close to two meters across in size. The more impressive and beautiful the circle is, the more likely a female will lay her eggs in the center.

Question: What is one thing we learn about the white-spotted pufferfish?

アマミホシゾラフグは，パートナーを引き寄せるために独特な巣を利用する魚だ。オスのアマミホシゾラフグはメスを引き寄せるため，海底の砂に大きな円形の巣を作る。それを作るのには数日かかることがあり，大きさは直径2メートル近くにまでなることがある。円の印象深さや美しさに比例して，メスがその中央に産卵する可能性が高まるのだ。

質問：アマミホシゾラフグについてわかることの1つは何ですか。

1 メスが美しい卵を産む。 **2** オスがパートナーを見つけるために巣を作る。

3 頻繁に生息地を変える。 **4** 川砂に生息する。

解説 冒頭から難しい固有名詞が出てくるが，落ち着いて ... is a fishをしっかりと聞き取ろう。unique nestsを作る習性がある魚で，maleがattract a femaleのために巣を作ると述べられている。従って，**2**が正解。creates a ... nest in the sand on the ocean floorから**4**は不正解。**1**については，メスは卵を産むがそれが美しいとは言っていない。

No. 26 解答 1

Evan had trouble when shopping at the grocery store. Even while carrying a grocery list, he would buy more than he needed. In order to stop himself from overspending, he decided to shop with a notepad. When he puts something in his cart, he writes down the item, price, and how much he has spent so far. It reminds him to stay on track and not buy things he doesn't need.

Question: What was Evan's problem?

エヴァンは食料品店で買い物をする際に苦労していた。買い物メモを持っていても，彼は必要以上に買ってしまったものだった。浪費をしないよう，彼はメモ帳を持ちながら買い物をすることにした。何かをカートに入れたら，その商品や価格，それまでにいくら費やしたかを書き留めるのだ。それによって，彼は計画通りにして必要ではない物を買わないことを思い出すのである。

質問：エヴァンの問題は何でしたか。

1 不必要な物を購入した。 **2** 頻繁に買い物メモを忘れた。

3 あまりにも頻繁に食料品店に足を運んだ。 **4** 字が汚かった。

解説 放送文中のhe would buy more than he neededやstop himself from overspendingなどの表現から，必要以上に物を買いすぎる傾向に困っていることに気づけるかどうかがポイント。正解は**1**。選択肢**3**の頻繁に店に通いすぎることが浪費の直接の原因ではないことに注意したい。

No. 27 解答 4

Most cultures have a ceremony for launching a ship to sea. The people who make the ship celebrate when finishing a project. In France, the traditional way was very similar to their ceremonies for a birth. A man and a woman act as a father and a mother and announce the ship's name. The idea was that the ship was coming into the world just like a newborn baby.

Question: What is one thing we learn about a traditional French ship-launching ceremony?

大半の文化には船を海に進水させることを祝う儀式がある。船を造る人々が計画を終えたあかつきに祝うのである。フランスでは，その伝統的な祝い方は生誕を祝う儀式と非常に似ていた。1組の男女が父母の役を務め，船の名前を発表するのだ。船がちょうど新生児のようにこの世に生まれ出てきているという発想だった。

質問：フランスの伝統的な船の進水式についてわかることの1つは何ですか。

1 人々が船上で結婚した。　　　　　　　　　**2** 新生児を招いた。

3 船が古い船にちなんで名付けられた。　　　　**4** 別の儀式に似ていた。

解説　フランスの進水式の特徴は very similar to their ceremonies for a birth であり，A man and a woman act as a father and a mother and announce the ship's name. とあるので，**4**が正解。**2**の a newborn baby など放送文中に出てくる表現に惑わされないように注意したい。

No. 28 解答 2

Fatima traveled to visit her brother who lived in another country. Since he lived far away from any of the sightseeing spots, they decided to rent an apartment together for a week near the city center. Even though Fatima couldn't stay for free at her brother's house, it was cheaper than a hotel. Fatima and her brother enjoyed seeing a lot of famous spots in the country.

Question: Why did Fatima rent an apartment with her brother?

ファティマは，外国に暮らす兄のもとを訪れるために旅行した。兄は観光名所とされるどんな場所からも遠く離れて暮らしていたので，彼らは市の中心部の近くに1週間一緒にアパートを借りることにした。ファティマは兄の家にただで泊まることはできなかったが，ホテルよりは安かった。ファティマと兄は国内の有名な場所をたくさん見て楽しんだ。

質問：ファティマはなぜ兄と一緒にアパートを借りましたか。

1 兄の家が狭すぎた。　　　　　　　　　　　**2** 観光に便利だった。

3 ホテルの部屋が予約でいっぱいだった。　　　**4** 無料の駐車スペースがあった。

解説　2文目の聞き取りが全て。they decided to rent an apartment together の理由が，直前の since 以降に述べられている。兄が lived far away from any of the sightseeing spots だったため，1週間アパートを借り，enjoyed seeing a lot of famous spots という結末に至っていることから，**2**が正解だとわかる。

No. 29 [解答] 2

Thank you for calling Star Computer Service. Please check the back of your computer for the model number before our support staff answers. If our staff cannot solve your problem over the phone, we will send someone to repair your equipment within 24 hours. Please stay on the line—you are 8th in line to be answered.

Question: What does the speaker ask the listener to do?

スター・コンピューター・サービスにお電話いただき、ありがとうございます。当サポートスタッフが対応させていただく前に、コンピューターの背面をご覧になり、型番号をご確認ください。当スタッフが電話で問題を解決いたしかねる場合には、24時間以内にお客様の機器を修理するために人員を派遣いたします。そのまま切らずにお待ちください、お客様はお待ちになっている方の中で8番目に対応させていただきます。

質問：話し手は聞き手に何をするようお願いしていますか。

1 サポートスタッフに電話をかけ直す。

2 コンピューターについての情報を見つける。

3 修理スタッフと会う予定を立てる。

4 オンラインストアにアクセスする。

[解説] 最後の1文から、聞き手は現在、電話の自動音声案内で応答待機中であることがわかる。待機中にすべきこととして Please check the back of your computer for the model number before our support staff answers. と言っているので、正解は **2**。**3** の修理スタッフ派遣は、電話で解決できない場合の対応策である。

No. 30 [解答] 1

Yumiko asked her father if she could go on a homestay program in Australia. She told him that she could practice her English, meet interesting people, and learn about the country. At first, he didn't want her to go because he thought that it might not be safe for her to travel overseas alone. However, when Yumiko's friend agreed to go with her, he let her go on the trip.

Question: Why did Yumiko's father refuse at first?

ユミコは父親に、オーストラリアでのホームステイ・プログラムに参加していいか尋ねた。彼女は、英語を練習したり、興味深い人々に会ったり、オーストラリアについて学んだりできるのだと父親に話した。最初父親は、ユミコが1人で海外旅行をすることは安全ではないかもしれないと思ったので、彼女に行ってもらいたくなかった。しかし、ユミコの友だちが彼女と一緒に行くことに同意すると、父親は彼女が旅行に行くのを許した。

質問：なぜユミコの父親は最初は拒否したのですか。

1 彼女が1人で行くことを心配した。

2 彼女の旅のための経済的ゆとりがなかった。

3 そのホームステイ・プログラムが好きではなかった。

4 オーストラリアのことをよく知らなかった。

[解説] 質問に出てくる at first は放送文中に出ており、その箇所がきちんと聞き取れているかがポイント。he didn't want her to go because he thought that it might not be safe for her to travel overseas alone と述べられているので、正解は **1**。alone が選択肢では by herself と言い換えられている点にも注意したい。

面接（スピーキングテスト）
解答と解説

問題編 p.100～103

問題カードA 🔊 **129～133**

全訳

音楽教育

音楽指導は長い間，公教育の一部を担ってきた。しかしながら，時として学校にそれを教えるのに十分な財源がない場合もある。音楽の授業があることにより，学生の全体的な成績が向上すると主張する教育者もいる。音楽の授業はまた，音楽が大好きな学生が学校を楽しみにする理由となり，このようにして学生の登校率の上昇に役立っている。

No. 1 　パッセージによると，音楽の授業は学生の登校率の上昇にどのように役立っていますか。

No. 2 　では，絵を見てその状況を説明してください。20秒間，準備する時間があります。話はカードにある文で始めてください。

〈20秒後〉始めてください。

では，〜さん（受験生の氏名），カードを裏返して置いてください。

No. 3 　音楽の授業は学校のほかの科目とまさに同じくらい重要だと言う人がいます。あなたはそのことについてどう思いますか。

No. 4 　今日，CDの代わりにデジタルで音楽を購入する人が増えています。将来人々は音楽CDをまだ買うだろうと，あなたは思いますか。

Yes.→なぜですか。　　No.→なぜですか。

解説 　educatorsは第1音節にアクセントがあり，音読時に要注意。またimproveと動詞のincreaseについては，どちらも第2音節にアクセントがあり，発音の際にはインプ「ロウ」ブ，インクリー「ズ」と読まないように気をつけたい。第4文は〈give ＋ 人（に）＋ 物（を）〉の意味を考えて，students who love musicとa reason to look forward to schoolをそれぞれまとめて読むと同時に，両者の間で一息間を置くことが大切。

No. 1

解答例

By giving students who love music a reason to look forward to school.

解答例の訳

音楽が大好きな学生に学校を楽しみにする理由を与えることによって。

解説 　質問と同じ英文が出てくる，パッセージの最後の箇所に注目しよう。in this wayのthisが指す内容を見つけることが正解への鍵となる。このthisは直前の文に書かれている内容を受けていることは明らかで，直前の文の動詞giveを動名詞に置き換えて，その後をまとめれば正解にたどり着ける。

No. 2

解答例

One day, Naoki and his father were enjoying a

解答例の訳

ある日，ナオキと彼の父親はクラシック音楽のコン

classical music concert. His father said to him, "Why don't you learn to play the violin?" The next week at a musical instrument shop, Naoki found some drums. His father was surprised that Naoki wanted them. A few weeks later, Naoki was practicing his drums. His father thought it was too loud.

サートを楽しんでいました。父親が彼に「バイオリンの演奏を習ってみてはどうだい？」と言いました。次の週、楽器屋でナオキはドラムを見つけました。ナオキがそれを欲しがったので、父親は驚きました。数週間後、ナオキはドラムを練習していました。父親は音がうるさすぎると思いました。

解説 まずは指示された英文から始めて、最初のイラストの吹き出しは、～ said to ...,"～"の直接話法パターンで答えよう。2コマ目は、ドラムの絵と父親の驚いた表情に注目。息子の選択に戸惑っていることがわかる。最後のイラストでは、ドラムを演奏している息子を過去進行形で表現しよう。その姿を見て、父親がその騒音に困惑している様子が見て取れるだろう。

No. 3

解答例①
I agree. Music helps people to be creative. Also, students can learn how to express themselves through musical performance.

解答例①の訳
私もそう思います。音楽は人が創造的になるのを助けます。また、学生は音楽の演奏を通して自分自身を表現する方法を学ぶことができます。

解答例②
I disagree. Subjects like math and English are more useful than music in the modern world. People need these subjects for their jobs in the future.

解答例②の訳
私はそうは思いません。現代社会では、音楽よりも数学や英語といった科目の方がより役に立ちます。人々は将来、仕事でこれらの教科を必要とします。

解説 賛成の立場で答える場合、解答例のような創造性や表現力を養えるといった観点のほかに、感動を共有できる点なども挙げられるだろう。一方、反対の立場では、人前で演奏をするのが恥ずかしく、ストレスに感じる中高生が多いことや、高価な楽器の準備が難しい点などを指摘することもできるだろう。

No. 4

解答例（Yes. と答えた場合）
Some people prefer to have their own music collection physically. It is also nice to have a variety of things that come with a CD, such as a booklet and posters.

解答例（Yes. と答えた場合）の訳
音楽のコレクションを物理的に所有することを好む人々がいます。また、小冊子やポスターといった、CDと一緒に手に入るいろいろなものを手にすることも素敵です。

解答例（No. と答えた場合）
It's faster to download a song than to go to the store or to wait for a CD to be delivered. Also, CDs can be lost or broken more easily.

解答例（No. と答えた場合）の訳
店まで行ったりCDが配送されるのを待ったりするよりも、曲をダウンロードする方が早いです。また、CDはより容易になくしたり壊れたりすることがあります。

解説 賛成の場合、解答例にあるようにphysicallyやthings that come with a CDなど、物理的な所有という観点がキーワードになるだろう。一方、反対の立場では、解答例のほかに、音楽を保管する場所をとらないことやアルバムではなく、好きな曲だけを選んで購入することができる点などを指摘することもできるだろう。

全訳

自転車専用道路

近ごろでは，ますます多くの都市が自転車専用道路を設けている。しかしながら，時としてそれらは十分に安全ではない。車が境界線を越えて事故を起こすことが時々ある。こうしたことが起こるのを防ぎたいという思いから，自転車専用道路の周囲に壁などの障壁を建設する都市もある。車のためのスペースは減るが，自転車に乗る人々にとってははるかに安全である。

No. 1　パッセージによると，自転車専用道路の周囲に壁などの障壁を建設する都市があるのはなぜですか。

No. 2　では，絵を見てその状況を説明してください。20秒間，準備する時間があります。話はカードにある文で始めてください。

〈20秒後〉始めてください。

では，〜さん（受験生の氏名），カードを裏返して置いてください。

No. 3　自転車に乗るのに免許を必要とすべきだと言う人もいます。あなたはそのことについてどう思いますか。

No. 4　今日，電気自動車が人気になりつつあります。将来，より多くの人が電気自動車を買うようになると，あなたは思いますか。

Yes. →なぜですか。　　No. →なぜですか。

> 解説　laneの発音が「レーン」にならないように注意しよう。正しくは[leɪn]。またアクセントとして，preventは第2音節，barriersは第1音節にあることに気をつけたい。prevent *A* from *doing*「Aが〜するのを防ぐ」は押さえなければならない重要表現。また，ここでのroomは「空間，場所」の意味。最後の英文のmuchは「ずっと，はるかに」と比較級saferを強調する用法。

No. 1

解答例

Because they want to prevent an accident from happening.

解答例の訳

なぜなら，事故が起こることを防ぎたいからです。

> 解説　質問に出てくる英文は，第4文の後半部に見つけられる。soが「それ故に，だから」の意味だとわかれば，直前の文が正解へのヒントだと判断できるだろう。解答をBecauseから始めることや主語のsome citiesを代名詞theyに変えるだけでなく，thisをさらに1つ前の文中にある具体的なan accidentと置き換えられるかどうかが大きなポイント。

Day
7

No. 2

解答例

One day, Mr. and Mrs. Ikeda were caught in a traffic jam. Mrs. Ikeda said to her husband, "It seems faster to ride a bike." Later at home, Mr. and Mrs. Ikeda were cleaning their bikes. They were both excited about going shopping by bike. The next day, they were riding their bikes back from the grocery store. Mrs. Ikeda told her

解答例の訳

ある日，イケダ夫妻は交通渋滞に巻き込まれました。イケダ夫人は夫に「自転車に乗った方が速そうね」と言いました。その後自宅で，イケダ夫妻は自転車を磨いていました。彼らは2人とも，自転車に乗って買い物に行くことについてわくわくしていました。次の日，彼らは自転車に乗って食料品店から帰っていました。イケダ夫人は自分たちは交通渋滞について気にする必要

husband that they no longer needed to worry about traffic jams.

がなくなったと, 夫に言いました。

解説 最初のイラストは, 吹き出しの英文をそのまま直接話法で引用しよう。ただし, ～ said と過去形を用いて表現することを忘れずに。2つ目のイラストでは, 夫婦が自転車を磨きながら, 買い物に行くことに期待を膨らませている様子を読み取ろう。最後のイラストでは, 2人が買い物帰りであることと渋滞を気にせず快適でいる表情などを表現したい。なお, 解答例の最後の1文にある間接話法は, that 節中の時制の一致に注意しよう。no longer は「もはや～ない」。

No. 3

解答例①
I agree. People on bicycles use the same roads that people in cars do. Having a license would make sure people ride safely and so there would be fewer accidents.

解答例①の訳
私もそう思います。自転車に乗る人は, 車に乗る人と同じ道路を使用します。免許を持つことにより人々が安全に乗ることが確実となり, 事故が減るでしょう。

解答例②
I disagree. Many people who ride bikes are too young to get licenses. Also, bikes are less likely to cause serious damage than cars.

解答例②の訳
私はそうは思いません。自転車に乗る人の多くは免許を取得するには若すぎます。また, 自転車は車に比べて深刻な損害を引き起こしにくいです。

解説 賛成の立場では, 解答例のほかに, People would have to learn traffic rules in order to get a license. や Having a license would encourage people to ride more safely. などとすることもできる。一方, 反対の立場では, 解答例のような理由のほかに, 取得者数が膨大になることや更新などの制度面での難しさを指摘することも考えられるだろう。

No. 4

解答例 (Yes. と答えた場合)
People want to help the environment, and electric cars are a good option. They produce little air pollution and greenhouse gases.

解答例 (Yes. と答えた場合) の訳
人々は環境のために役立ちたいと考えていて, 電気自動車は良い選択肢です。それらは大気汚染や温室効果ガスをほとんど排出しません。

解答例 (No. と答えた場合)
As electric cars are expensive, most people would rather buy an inexpensive gasoline-powered car. Also, it's hard to find places to charge an electric car.

解答例 (No. と答えた場合) の訳
電気自動車は高額なので, ほとんどの人はむしろ安価なガソリン車を買うでしょう。また, 電気自動車を充電する場所を探すことも困難です。

解説 Yes の場合, 解答例のほかに, 電気自動車はガソリン車よりも振動が少なく静かである点も挙げることができるだろう。一方, No の立場では, ガソリンを補給するより, 充電する方が時間がかかることなどを指摘することもできる。そのほか, 発電の観点から問題を指摘することもできるだろう。